SCORPIO

Nicolas Chauvat

Genki

Die zehn goldenen
Glücksregeln aus Japan

Aus dem Französischen
von Tina Lüscher-Richter

SCORPIO

Die Originalausgabe ist erstmals 2018 bei Éditions Jouvence erschienen.
Titel der französischen Originalausgabe:
Genki, les dix règles d´or des Japonais
© Éditions Jouvence, S.A., Chemin du Guillon 20 CH-1 233 Bernex
www.editions-jouvence.com

© der deutschen Ausgabe: 2020 Scorpio Verlag
in Europa Verlag GmbH
Lektorat: Angela Hermann-Heene
Umschlaggestaltung, Layout und Satz: Danai Afrati
Druck und Bindung: Pustet, Regensburg
ISBN 978-3-95803-265-1

Inhaltsverzeichnis

Einleitung

Mit den Hindernissen ist es so eine Sache: Die einen hadern damit und sind der Überzeugung, dass ihnen dadurch der Weg zum Erfolg unnötig erschwert wird, ja, sie lassen sich dadurch sogar zeitweise ihre Lebensfreude rauben, andere wiederum nutzen Schwierigkeiten einfach als Sprungbrett für ihre Entwicklung. Es heißt, man könne nur Erfolg haben, wenn man seine Komfortzone verlässt. Leider sind die Phasen der Veränderung oft so schwierig und mit so viel Frustration verbunden, dass man am Ende nicht nur mit den anderen, sondern auch mit sich selbst in Konflikt gerät. Es gibt jedoch Menschen, die trotz Bewährungsproben und widriger Umstände ihre gute Laune behalten und sowohl in wirtschaftlicher wie auch persönlicher Hinsicht dazugewinnen. Wie lässt sich dieser Unterschied erklären? Die Fähigkeit, mit der Außenwelt und unserer Innenwelt in Harmonie zu bleiben, ist entscheidend, um ein erfülltes Leben führen zu können. Dabei geht es nicht darum, sich zum Optimismus zu zwingen, sondern vielmehr die Ordnung hinter dem Chaos, die Chancen hinter den Herausforderungen wahrzunehmen.

Glück hängt tatsächlich weniger von dem ab, was uns passiert, als von der Art, wie wir auf die Geschehnisse reagieren. Unsere Haltung im Alltag bestimmt unser Schicksal. Der französische Psychoanalytiker Lacan meinte, das Unbewusste sei wie eine Sprache strukturiert. Eine Fremdsprache zu erlernen erlaubt uns, uns anders in der Welt zu bewegen. Manchmal genügen wenige Worte, um uns Dinge bewusst zu machen und unsere Sicht auf die Welt zu verändern. Dieses Buch stellt Ihnen zehn Begriffe der modernen japanischen Sprache vor, die einen großen Teil der Weisheit einer viele Jahrtausende alten Kultur enthalten. Diese Kultur war und ist eine Quelle der Inspiration für zahlreiche Zen-Mönche, renommierte Künstler, erfolgreiche multinationale Unternehmer sowie für all jene, die erkannt haben, dass die Voraussetzung, um »Erfolg zu haben«, darin liegt, dass man mit sich selbst im Reinen ist und Erfüllung in seinem Tun findet.

Mithilfe der zehn japanischen Begriffe, die sich leicht einprägen lassen und Sie ebenso zur Kontemplation wie zu konkretem Handeln einladen, können Sie rasch Ihre Fähigkeit steigern, auch angesichts von Veränderungen in Harmonie mit sich selbst und anderen zu bleiben.

元気

GOLDENE REGEL
NR.1:

Genki

(in Form sein / Lebenskraft)

Die Kunst, unsere Energie zu erhalten

*»Mit Wille und Ausdauer kannst du
Wunder bewirken.«*

Benjamin Franklin

Dieser Satz von Benjamin Franklin mag zweifellos unser Herz ansprechen, aber unser Körper und Geist sind oft zu erschöpft, um ständig für unsere Träume zu kämpfen. Man sagt, Rom sei nicht an einem Tag erbaut worden. Das bedeutet, dass es nicht auf Schnelligkeit ankommt, sondern vielmehr auf Beständigkeit, wenn wir erfolgreich sein möchten. Statt den Versuch zu unternehmen, unseren Energiepegel zu erhöhen, sollten wir eher lernen, wie wir ganz bewusst die Energieressourcen nutzen, die wir zur Verfügung haben.

Es gibt Tage, da haben wir das Gefühl, wir könnten die Welt erobern und nichts könne uns aufhalten. Doch gibt es leider auch genug solcher Tage, wo schon das Aufstehen am Morgen einer Heldentat gleichkommt, wo schon der Gedanke an Sport oder daran, das Fahrrad zu reparieren, einem wie eine unüberwindliche Herausforderung erscheint; diese Tage, an denen es eine Qual ist, die als Nächstes anstehende Aufgabe zu erledigen, sind leider nur allzu häufig. Wenn wir uns zu lange in diesem Modus befinden, sinkt unsere Motivation immer weiter, und unser Leben scheint von Tag zu Tag problematischer zu werden. Nach und nach fühlen wir uns wegen unserer mangelnden Tatkraft schuldig. Manche Menschen entscheiden dann, alles zu tun, um wieder mehr Energie und Willenskraft zu bekommen. Eine Zeit lang verdoppeln sie ihre Bemühungen, doch schon bald machen sich Müdigkeit und Überdruss wieder bemerkbar, und so werden ihre guten Vorsätze rasch von schlechten Gewohnheiten ersetzt. Nach diesem zweiten Misserfolg verlieren viele das Vertrauen in sich selbst und ihre Fähigkeit, erfolgreich zu sein. Sie sind voller Schuldgefühle und meinen, sie hätten einfach zu wenig Ressourcen. Doch tatsächlich rührt das eigentliche Problem daher, dass sie keine Ahnung haben, wie sie ihre Energie erhalten können, und sie unwissentlich vergeuden.

Sowohl die chinesische als auch die japanische Medizin gehen davon aus, dass alle Lebewesen von einer Lebenskraft, genannt *Ki*, belebt werden. Jedes Neugeborene erbt dieses Ki von Geburt an, kann aber kein neues erzeugen, weil nun einmal alles, was ins Leben tritt, wieder vergehen muss. Wir können diese Lebensenergie also nicht erschaffen, können sie aber erhalten.

In Japan benutzt man den Begriff *genki*, um jemanden zu fragen, ob es ihm gut geht. Gen (元) bedeutet die Quelle, der Ursprung, und ki (気) die Lebenskraft.

»Genki sein« bedeutet demnach, dass wir uns gut fühlen, weil das Niveau unseres Ki unserem natürlichen Energiepegel entspricht. Das heißt umgekehrt auch, dass wir uns deshalb nicht gut fühlen, weil mit unserem Ki etwas nicht in Ordnung ist. Und so müssen wir, wenn es uns besser gehen soll, nach der Ursache forschen, warum unser Ki geschwächt ist, um unsere Tatkraft wiederherstellen zu können.

Das Ki ist das, was unseren Geist und unseren Körper verbindet, es ist somit gleichzeitig materieller und psychischer Natur. Um genki zu sein, ist es daher wichtig, nicht nur auf das achten, was man tut, sondern auch auf das, was man denkt. Wir müssen uns darüber klar sein, dass unsere Kraftlosigkeit zu einem großen Teil von Stress kommt. Um unsere intellektuellen, emotionalen und körperlichen Ressourcen nicht unnötig zu erschöpfen, gilt es, drei Regeln zu beachten.

Lernen, dem, was man tut, einen Sinn zu geben

Auf dem Weg zu einem erfüllteren Leben lassen uns Fragen, die mit »warum« beginnen, schneller Fortschritte machen als solche, die mit »wie« anfangen. Bevor wir also versuchen, uns ein bestimmtes Know-how für den beruflichen Erfolg anzueignen, sollten wir verstehen, dass nur die Antwort auf die Frage »Warum mache ich das?« uns voranbringt und uns ermöglicht, langfristig durchzuhalten.

»Es ist besser für die Gesundheit,
nach einem Sinn zu suchen,
als sich zu bemühen,
Schwierigkeiten zu vermeiden.«

Kelly McGonigal,

amerikanische Gesundheitspsychologin, bekannt für ihre Forschungen
über die Verbindung zwischen Psychologie und Gesundheit

Schwierigkeiten auf unserem persönlichen und beruflichen Weg sowie Opfer, die wir zwischenzeitlich bringen müssen, um etwas zu erreichen, führen tatsächlich irgendwann zu körperlicher und emotionaler Erschöpfung. Doch gewinnen wir unsere Tatkraft nicht etwa dadurch zurück, dass wir Schwierigkeiten zu vermeiden suchen, sondern wir kommen dann wieder in Form, wenn wir uns für das einsetzen, was uns wirklich wichtig ist. Wenn es uns gelingt, unseren Unternehmungen einen Sinn zu geben, setzt das Gehirn verschiedene Hormone frei, die den Organismus stimulieren und seine Reparaturfähigkeit verbessern.

Das gute Funktionieren unseres Gehirns hängt zu einem großen Teil vom Vorhandensein mehrerer Neurotransmitter ab, darunter Dopamin, GABA, Serotonin und Acetylcholin. Letztere sorgen dafür, dass wir fähig sind, Freude zu empfinden, ruhig zu bleiben und uns etwas einzuprägen. Es gibt eine ständige Wechselwirkung zwischen unserer Stimmung und diesen Transmittern. Herrscht ein Defizit bei einigen davon, kann dies zu einer Form von Depression führen. Gleichzeitig ist es wichtig zu wissen, dass negative Gedanken eine Reaktion auf hormoneller Ebene hervorrufen.

In starken Stresssituationen setzt unser Körper ein Hormon, das sogenannte Cortisol, frei. Dieses aktiviert rasch unseren Stoffwechsel, was bei Gefahr lebenswichtig ist, weil so unsere körperliche Leistungsfähigkeit erhöht wird und wir in der Lage sind, in Bruchteilen von Sekunden zu entscheiden. Das Hormon stellt jedoch eine ernste Gefahr für die Gesundheit dar, wenn wir unter Daueranspannung stehen und es somit ständig ausgeschüttet wird. Man kann es mit einem Feuer vergleichen, das uns wärmt, wenn wir es beherrschen, das bei Kontrollverlust jedoch sämtliche Brennstoff-Reserven zu verbrennen droht. Dadurch, dass das Cortisol die Wirkung des Melatonins reduziert, verzögert es auch das Einschlafen und verringert die Fähigkeit des Körpers, nachts zu regenerieren. Es hemmt zudem bestimmte Funktionen des Organismus, die für ein funktionierendes Immunsystem wichtig sind.

Ein großer Teil unserer gesundheitlichen Probleme hat somit mit Formen von chronischem Stress zu tun.

Es ist wichtig, dass wir unserer Arbeit einen Sinn geben können, damit wir uns nicht in ihr gefangen fühlen. Die Angst, von anderen verurteilt zu werden, kann erheblich abnehmen, wenn wir etwas unternehmen, das wir als wichtig für uns selbst einstufen. Das Gefühl persönlicher Erfüllung hilft uns somit, den Cortisolspiegel sowie den Pegel bestimmter Neurotransmitter zu regulieren. Das schafft einen positiven Kreislauf, der dazu führt, dass wir uns glücklicher fühlen und gleichzeitig die Fähigkeit unseres Körpers zur Selbst-Reparatur erhöht.

Stress nicht als Feind sehen

In der heutigen Gesellschaft ist Stress zum Feind Nummer eins geworden. Es vergeht kein Tag, an dem uns nicht gesagt würde, dass er die Ursache zahlreicher Krankheiten sei. Das beste Mittel, um gesund zu bleiben, wäre demnach, jede Form von Anspannung zu vermeiden. Allerdings scheinen neuere Studien zu belegen, dass die Wirkung von Stress auf die Gesundheit stark davon abhängt, wie wir auf den Reiz reagieren. Mit anderen Worten, wenn wir überzeugt sind, dass Stress schlecht für unsere Gesundheit ist, neigen wir eher dazu, negative Symptome zu entwickeln.

> *»Wenn Sie sich dafür entscheiden,*
> *Stress als nützliche Reaktion Ihres*
> *Nervensystems zu betrachten, entwickeln Sie*
> *ein inneres Kraftgefühl.«*
>
> KELLY MCGONIGAL

Es ist nicht der Stress an sich, der einen Verlust von Ki verursacht, sondern die negative Meinung, die wir über dieses Empfinden haben.

Mit sich selbst nicht so streng sein

Viele von uns meinen, dass wir besser vorwärtskommen, wenn wir uns selbst gegenüber kritisch sind, doch sollten wir uns darüber bewusst sein, dass ständige Selbstkritik eine Hauptursache für emotionale Erschöpfung ist, die uns zwangsläufig auch körperlich erschöpft. Scham, ob natürlicherweise empfunden oder aufgezwungen, führt viel eher zu depressiven Verstimmungen als zu positiven Veränderungen.

Der Schlüssel zur Einhaltung Ihrer guten Vorsätze liegt darin, zu lernen, wie Sie Ihre Motivation täglich aufrechterhalten können. Seien Sie nicht so streng mit sich selbst, der Selbstkritiker ist ein sehr viel weniger wirksamer Führer, als es Ihre positiven

Gedanken sind. Finden Sie Freude auf Ihrem Weg zur Veränderung und lernen Sie, über Ihre Fehler zu lachen.

Beispiel: Statt sich wegen Ihres Aussehens oder mangelnder Fähigkeiten in einem bestimmten Bereich schuldig zu fühlen, sollten Sie sich lieber vorstellen, wie sich Ihr Leben verbessert, wenn Sie in der Lage sind, sich zu verändern. Das verleiht Ihrem Weg einen Sinn und verhindert, dass negative Gedanken Ihre Energie erschöpfen.

有り難う

GOLDENE REGEL
NR. 2:
Arigatou

(Danke)

Lernen, dankbar zu sein

*Ohne Gefühle, ohne Emotionen,
ist Höflichkeit nur eine leere Hülle.*

Dies ist wahrscheinlich eine der wichtigsten Lehren von Konfuzius, der die Japaner stark inspiriert hat: Wenn wir harmonisch mit anderen zusammenleben möchten, sollten wir nicht nur Danke sagen können, sondern vor allem fähig sein, Dankbarkeit zu empfinden.

In Frankreich neigen viele Menschen dazu, Regeln als Einschränkung der persönlichen Freiheit zu sehen, als Hindernis, das ihrem vollkommenen Glück im Weg steht. In unserer Gesellschaft weckt alles, was festgeschrieben ist, Misstrauen. Sogar die wichtigen Grundsätze der Höflichkeit werden oftmals als Barrieren zwischen den Menschen wahrgenommen, weil sie scheinbar aus einer dunklen Ära stammen, in der die Vorstellung von Gleichheit noch nicht existierte. In Zeiten, in denen das Ego König ist, werden Entschuldigungen und sogar Dank immer seltener. Da sich jeder als Mittelpunkt seiner eigenen Welt begreift, erwartet er, dass ihm alles zusteht. Wenn eine ganze Gesellschaft so denkt, wird das Zusammenleben immer schwieriger.

Obwohl Japan und Korea oft als Länder mit strengen Normen dargestellt werden, kann jeder Reisende ohne Schwierigkeiten erkennen, dass dort ein gutes Lebensgefühl herrscht. Das ist nicht nur spürbar im freundlichen Lächeln der Menschen an jeder Straßenecke, sondern auch am aufmerksamen Umgang miteinander. Für Japaner und Koreaner ist es normal, sich mehrere Dutzend Mal am Tag zu bedanken. Wer Danke sagt, stellt aus ihrer Sicht nicht etwa sein Licht unter den Scheffel, vielmehr sorgt er aktiv für Harmonie und erhält so auch das eigene Wohlbefinden. Denn diejenigen, die wiederholt Undankbarkeit beweisen, riskieren, rasch ohne die Hilfe von anderen dazustehen, und haben meist nur unbefriedigende Beziehungen zu den Menschen in ihrem Umfeld. Kein Wunder, dass das Bildungssystem dieser Länder dazu dient, Kindern beizubringen, sich in der Gesellschaft gut zu benehmen.

Höflichkeit zu lernen wird als bestes Mittel gesehen, um sich nicht nur mit anderen, sondern auch mit sich selbst wohlzufühlen.

Im Japanischen gibt es zwei Begriffe, die häufig benutzt werden, um sich zu bedanken. Der erste wird *kansha* ausgesprochen und setzt sich aus zwei Schriftzeichen zusammen, von denen das eine dem Wort »danke« entspricht, während das zweite »empfinden« bedeutet. Das veranschaulicht, dass es nicht darum geht, sich aus Gewohnheit einer Etikette zu unterwerfen, indem man dieses oder jenes Wort ausspricht, sondern wahrhaftig Dankbarkeit zu empfinden. Für Japaner ist dieses Gefühl die Grundlage von Fülle. Das zweite Wort, das häufiger und in informellem Rahmen benutzt wird, ist *arigatou*.

Kleinigkeiten wertschätzen

Zen-Mönche sind der Ansicht, dass ein Dank nicht nur ein Lippenbekenntnis sein, sondern von Herzen kommen sollte. Das fällt leicht, wenn wir uns bewusst machen, dass das, was wir soeben erhalten haben, tatsächlich ein Geschenk darstellt. Auch wenn uns dieser Begriff in manchen Fällen etwas weit hergeholt erscheinen mag, wird er in Japan gerne benutzt, weil jeder weiß, wie wichtig es ist, die Kleinigkeiten des Alltags wertschätzen zu können.

Beispiel

Wenn eine Mitarbeiterin an der Kasse die Artikel, die ein Kunde soeben gekauft hat, sorgfältig in eine Papiertüte packt und ihm das Ganze zuvorkommend mit beiden Händen reicht, wird besagter Kunde sich mit dem Wort arigatou bedanken.

Die Geste der Mitarbeiterin mag minimal erscheinen, doch ist es diese Art von kleiner Aufmerksamkeit, die dafür sorgt, dass wir weiterhin in einer Gemeinschaft leben möchten. Wenn die ganze Gesellschaft nur noch spektakulären Ereignissen Bedeutung beimisst, besteht die Gefahr, dass sich allmählich immer mehr Unzufriedenheit und Unwohlsein breitmachen.

Nicht davon ausgehen, dass uns alles zusteht

Arigatou ist ein Konzept, das uns darauf aufmerksam macht, dass alles wichtig ist, was um uns herum geschieht. Diese Einstellung hilft uns, gegenüber der Welt und in unseren Beziehungen zu anderen wieder achtsamer zu werden. Der Begriff stammt ursprünglich aus einem buddhistischen Sutra, das den Dialog zwischen Buddha und einem seiner Schüler namens Ananda schildert. Im Laufe dieses Wortwechsels erklärt Buddha mit einem ganz besonderen Gleichnis, dass es für eine Seele besonders schwer sei, menschliches Leben zu erlangen. Zwar bringe unser Dasein viel Leiden mit sich, doch solle Letzteres nicht als Strafe, sondern vielmehr als Gelegenheit gesehen werden, unsere schönsten und sensibelsten Anteile voll zu entfalten. Menschen, die ihr Leben als etwas betrachten, das ihnen einfach zusteht, neigen oft zu der Ansicht, sie hätten etwas Besseres verdient, und sind entsprechend unzufrieden. Nur diejenigen, die sich der Zerbrechlichkeit und Seltenheit ihres Daseins bewusst sind, können aus ihrem Leben das Beste machen.

Ebenso werden nur diejenigen, die dem, was sie von anderen erhalten, einen Wert beimessen, in Harmonie mit ihnen leben können. Das gilt für Freunde, Partnerschaften, aber ebenso im Geschäftsleben. Um eine starke Verbundenheit in einem Team, das man führen möchte, zu schaffen, ist es wichtig, Danke sagen zu können. Der Mensch muss von seinen Mitmenschen wertgeschätzt werden, um sich zu entfalten. Der Betrag auf der Gehaltsabrechnung am Ende des Monats ist definitiv nicht der einzige Motivationsfaktor. Es wirkt sich fast immer negativ aus, wenn sich der Teamleiter bei einem Mitglied seines Teams nicht bedanken kann, nachdem diese Person sich für eine ihr zugeteilte Aufgabe engagiert hat. Mit einem halbherzigen Danke riskiert man, sie zu entmutigen. Wenn Letztere keinen großen Ehrgeiz besitzt, wird sie wahrscheinlich das nächste Mal nur noch das unbedingt Nötige machen. Ein guter Weg, die Zufriedenheit und Loyalität unserer Partner und Klienten zu erhöhen, ist, ihnen unsere Dankbarkeit zu zeigen, indem wir ihnen das Gefühl vermitteln, in unseren Augen einmalig zu sein.

Eine erfolgreiche Marketingstrategie hat nicht nur zum Ziel, den Markt zu analysieren, um innovative Produkte zu entwickeln, sie muss auch eine starke Verbundenheit mit den Klienten und einer Marke ermöglichen.

Arigatou sollte die Grundlage dieser Verbundenheit sein, das heißt, alle Beteiligten erkennen an, dass die anderen ihnen viel bringen.

Der beste Weg, eine Emotion zu vermitteln, ist, sie selbst stark zu spüren.

Nur diejenigen, die selbst aufrichtig dankbar für das sind, was sie empfangen, werden weiterhin von anderen etwas erhalten. Deshalb sollte man, wenn man erfolgreich sein will, lernen, für das, was man hat, dankbar zu sein, und wissen, wie man seine Dankbarkeit am besten ausdrücken kann.

自由

GOLDENE REGEL
NR. 3:

(Freiheit / die wahre Essenz)

Verstehen, was wahre Freiheit ist

> *»Es gibt auch eine leere Freiheit,*
> *eine Freiheit der Schemen, eine Freiheit,*
> *die nur darin besteht, das Gefängnis zu wechseln,*
> *vergebliche Kämpfe auszufechten,*
> *genährt von moderner Aufklärungsfeindlichkeit*
> *und diffusen Gedanken.«*
>
> JEAN-EDERN HALLIER

Mit diesem Satz will uns der französische Autor Jean-Edern Hallier die Augen in Bezug auf unser eigenes Leben öffnen.

Die Freiheit … Wie viel Blut und Tinte sind für dieses edle Konzept geflossen! Wir bezeichnen uns als moderne Menschen und sind nicht wenig stolz auf dieses »unveräußerliche Recht«, das uns eigentlich Glück bringen sollte. Erlöst vom Einfluss des religiösen Obskurantismus und von Ideologien, die die vergangenen Jahrhunderte geprägt haben, wollen wir unser Leben so führen, wie wir es für richtig halten.

Aber wie können wir Meister unseres Schicksals sein, wenn es uns nicht zuerst gelingt, unsere Wünsche zu kontrollieren?

Das Motiv hinter den Wünschen erkennen

Wir haben heutzutage gelernt, Anordnungen von höheren Instanzen kritisch infrage zu stellen, doch sind wir immer noch wehrlos gegen die innere Diktatur unserer Wünsche. Viele Menschen denken sich, dass das Leben recht kurz ist, sie versuchen deshalb gar nicht mehr, ihre Triebe zu zügeln. So sind sie zuallererst Konsument und erst dann Bürger. »Ich besitze, also bin ich«, sagt man sich, ohne sich dessen bewusst zu sein.

Kaufen, um Spaß zu haben, ist an sich nichts Schlechtes, aber wenn wir uns einen Gegenstand besorgen möchten, um uns überhaupt lebendig zu fühlen, setzen wir damit eine Dynamik in Gang, die schlimmstenfalls zu einer Depression führt. Wir kaufen die Dinge nicht mehr, weil sie uns Freude bereiten, sondern weil wir der Überzeugung sind, dass wir sonst vor den Augen der anderen nicht bestehen können. Ein Sportwagen, eine Luxusuhr, Markenkleider oder das neueste Smartphone: All das kann helfen, ein angenehmeres Leben zu führen, doch Erfüllung bringen uns diese Statussymbole nur, wenn wir sie uns so innig wünschen, dass wir uns ehrlich bemühen müssen, sie zu erhalten. Wenn wir uns lediglich gezwungen fühlen, zahlreiche Entbehrungen auf uns zu nehmen, um Dinge zu bekommen, die wir eigentlich als solche gar nicht schätzen können, ist das in meinen Augen eine moderne Form von Sklaverei. Was ist also von einer Gesellschaft zu halten, in der Tausende ihr Leben mit Menschen verbringen, die sie nicht schätzen, und ihre Gesundheit für einen Beruf verschleißen, den sie nicht mögen, um Dinge zu kaufen, die sie nicht wollen, einfach um das Gefühl zu haben, am Leben zu sein?

Unsere Vorfahren waren nicht frei in Bezug auf ihre Handlungen, doch sind wir nicht weniger frei in Bezug auf unsere Bedürfnisse.

Wir verfügen über Freiheiten wie die, bei Wahlen abzustimmen, unsere Meinung öffentlich kundzutun, eine Religion zu wählen und mit unserem Körper zu machen, was wir wollen, aber wissen wir wirklich, was Freiheit ist? Unsere Freiheiten sind Rechte, schwarz auf weiß geschrieben und von Gesetzes wegen garantiert. Dabei vergessen wir, dass die Freiheit vor allem eine geistige Verfassung ist. Viele Menschen haben nicht gelernt, dass frei sein bedeutet, die nötige geistige Autonomie und genügend Abstand in Bezug auf andere zu haben, um das zu erreichen, was in unserem Innersten angelegt ist. Vielen wurde auch nicht beigebracht, dass wir werden müssen, wer wir sind, und nicht, wer andere meinen, dass wir sein sollten, um glücklich zu sein.

Durch Meditation sein jiyū finden

Im Japanischen nennt sich Freiheit *jiyū* (自由). Dieser Begriff setzt sich zusammen aus dem Zeichen »自«, das »sich selbst« bedeutet, und dem Zeichen »由«, das »Essenz« bedeutet.

Für Japaner besteht Freiheit nicht darin, alles tun zu können; vielmehr ist Freiheit, die geistige Stärke zu haben, zu entdecken und zu werden, wer man wirklich ist. Wie kann derjenige, der Sklave seiner Leidenschaften, seiner Ängste, der Launen seines Herzens ist, behaupten, frei zu sein? In Asien ist eines der am häufigsten angewendeten Mittel, um sein jiyū zu finden, Meditation. Diese dient nicht dazu, Gedanken, die in unserem Geist auftauchen, verschwinden zu lassen. Sie hat vielmehr zum Ziel, uns zu helfen, Abstand von unseren Gefühlen und vorübergehenden Begierden zu nehmen.

Frei sein heißt fähig sein, seine eigene Essenz zu finden, um sich zu verwirklichen.

BEISPIEL

Die Zen-Meditation ist an sich nicht kompliziert. Um sie zu praktizieren, genügt es, sich bequem, aber aufrecht hinzusetzen, die Augen zu schließen und die Aufmerksamkeit auf den Atem zu lenken.

Beginnen Sie damit, langsam, aber tief etwa fünf Sekunden lang durch die Nase einzuatmen, und dann atmen sie während sieben Sekunden durch die Nase aus.

Zählen Sie die Sekunden und nehmen Sie wahr, wie sich die Luft, die durch die Nasenlöcher einströmt, anfühlt und wie sie Kopf und Lunge erfrischt. Beim Ausatmen nehmen Sie sich Zeit, die warme Luft, die in der Gegenrichtung zirkuliert, wahrzunehmen und zu spüren, wie sie Ihnen ein Gefühl von Wohlbefinden und Trost vermittelt.

Wenn Sie diesen Rhythmus mindestens drei Minuten lang beibehalten, wird sich Ihr Geist beruhigen und Ihr Urteilsvermögen klären.

Zeigen sich negative Gedanken und Bilder, versuchen Sie nicht, sie verschwinden zu lassen, und verurteilen Sie sie vor allem nicht.

Wenn Sie feststellen, dass Ihre Aufmerksamkeit sich auf diese konzentriert, sagen Sie sich einfach, dass sie nicht Teil Ihrer gegenwärtigen Realität sind. Betrachten Sie sich lediglich als Zuschauer der Bilder, die in Ihrem Geist auftauchen. Es wird Ihnen allmählich bewusst werden, dass diese oberflächlichen Gedanken nicht Ihr tiefes Ich widerspiegeln. Sie werden erkennen, dass hinter Ihren vorübergehenden Wünschen, Ihren Ängsten und Ihrer Wut ein Teil von Ihnen existiert, der unveränderlich bleibt und von diesen Stimmungsschwankungen nicht betroffen ist.

Wenn Sie diese Übung jeden Tag praktizieren, können Sie zwischen Ihren irrationalen Gefühlen und dem, was Sie wirklich anstreben, unterscheiden. Sie erlangen das, was die Japaner jiyū, die Freiheit des Herzens, nennen.

Indem wir lernen, zwischen unserem wahren Ich und plötzlichen Stimmungsschwankungen oder Verirrungen aufgrund des Wunsches, uns den Personen um uns herum anzupassen, zu unterscheiden, können wir eine andere Form von Freiheit gewinnen. Letztere kommt nicht von außen, sondern entsteht vielmehr von innen heraus. Diese Freiheit empfinden wir, weil sie uns Frieden bringt.

見立て

GOLDENE REGEL
NR. 4:
Mitate

(eine Vision aufbauen)

Visualisierungshilfen schaffen

Symbole werden von Dichtern, Philosophen und Mystikern so geschätzt, weil sie helfen, das Unsichtbare sichtbar zu machen. Wenn wir bestimmte Alltagsgegenstände sorgfältig auswählen und mit dem Herzen betrachten, können wir ihre materielle Beschaffenheit transzendieren und so unser Leben wieder verzaubern.

> *»Viele Menschen hegen eine Abneigung*
> *gegen diese Welt, doch ist sie nur eine*
> *vergängliche Bleibe. Deshalb sollten Sie sich*
> *ihr gedanklich nicht allzu lang widmen,*
> *weil Sie sonst Gefahr laufen, sie zu hassen. «*
>
> TAKUAN SŌHŌ

Dies ist wahrscheinlich eine der inspirierendsten Lehren, die uns der japanische Mönch Takuan Sōhō[1] hinterlassen hat. Obwohl unser Blick ständig nach außen gerichtet ist, ist es doch unsere geistige Verfassung im Alltag, die die Qualität unseres Daseins bestimmt. Es ist deshalb wichtig, sich bewusst zu werden, dass wir zwar die Ereignisse, die uns betreffen, nicht kontrollieren können, jedoch lernen können, die Gedanken, die wir uns dazu machen, zu

---

1   (沢庵 宗彭, 24. Dezember 1573 – 27. Januar 1645)

bezähmen. Unser Körper mag vielleicht oftmals ein Gefangener unseres Alltagstrotts sein, jedoch hindert nichts unseren Geist daran, auf Reisen zu gehen und sich bewusst mit Positivem zu beschäftigen.

BEISPIEL

In Asien gilt die Dichtung als Verbündete der Philosophie. Dichter werden wie Meister verehrt und zeichnen sich durch ihre Fähigkeit aus, das Schöne in den Dienst des Guten zu stellen. Indem sie einen besonderen Blick auf das, was sie umgibt, werfen, können sie die Banalität des Alltäglichen verschönern. Das Geheimnis ihrer Weisheit liegt darin, dass sie unaufhörlich an sich selbst arbeiten, weil sie verinnerlicht haben, wie sinnvoll es ist, zuerst die eigene Innenwelt zu pflegen, bevor man seine Aufmerksamkeit der Außenwelt zuwendet.

Im Alltag sind wir immer wieder gezwungen, längere Zeiten mit Menschen zu verbringen, die uns nicht unbedingt wohlgesinnt sind, und das an Orten, die uns nicht gefallen. Wenn wir uns also gedanklich vollständig von unserer Umgebung beeinflussen lassen, verlieren wir unweigerlich die Schönheit des Lebens aus den Augen. Unsere moderne Gesellschaft zwingt uns leider, immer wieder zu versuchen, noch konkurrenzfähiger zu sein. Das führt häufig dazu, dass wir uns geistig ausschließlich auf die materiellen Ergebnisse konzentrieren. Mitten in einer Wirtschaftskrise suchen wir alle hektisch finanzielle Sicherheit und vergessen, dass wir uns auch unsere Fähigkeit zu träumen bewahren müssen, wenn wir uns voll ausleben wollen. Doch wie können wir unseren Geist wandern lassen, wenn wir mit beruflichen, administrativen und familiären Verpflichtungen ausgelastet sind?

Ein Symbol wählen, um den Geist wandern zu lassen

Die Visualisierung ist eine Form der Meditation, durch die der Geist seine Freiheit wiedergewinnen kann.

Um diesen mentalen Prozess zu unterstützen, benutzen die Zen-Mönche sogenannte *mitate,* wörtlich »sehen und errichten«. Die bekanntesten mitate sind die Steingärten, die man in bestimmten Tempeln findet. Die Kompositionen aus großen moosbedeckten Felsen inmitten von zahlreichen kleinen weißen Kieselsteinen erinnern an die Wellen des Ozeans, die ihre Gischt über waldbedeckte Inseln gießen. Die Steingärten gestatteten den japanischen Mönchen, die in den Tempeln mitten in der Hauptstadt lebten, den Ozean zu visualisieren, obwohl dieser mehrere Tagesreisen zu Fuß entfernt war. In unserer modernen Gesellschaft, in der wir immer weniger Zeit haben, uns mit uns selbst in Einklang zu bringen, ist es wichtig, sich seine eigenen mitate schaffen zu können. So ermöglichen wir es unserem Geist, jeden Tag einige Augenblicke zu entfliehen. Mitate können sein: ein Blatt von einem Baum, eine kleine Kerze, ein Stein, den wir in den Bergen aufgelesen haben, eine Blume oder ein Bild. Wichtig ist, dass wir eine direkte Verbindung zwischen unserem Herzen und diesem Gegenstand aufbauen, der dann als Visualisierungshilfe für unseren Geist dient.

Eine Person, die sich nur über materielle Dinge freuen kann, ist viel anfälliger für Frustration als jemand, der die fantasievollen Schöpfungen seines Geistes zu schätzen weiß. Mögen diese auch noch so vergänglich sein, bieten sie ihm durch ihre positive Ausrichtung dennoch eine größere Chance, ein erfülltes Leben zu führen.

Beispiel:

Es gibt einen großen Unterschied zwischen den Personen, die jeden Tag mit einem öffentlichen Verkehrsmittel fahren und zulassen, dass ihr Geist in diesem monotonen Rahmen gefangen bleibt, und jenen Menschen, die zwar auch jeden Tag mit U-Bahn, Bus oder Straßenbahn unterwegs sind, sich jedoch von ihrer Fantasie zu wunderschönen Landschaften oder geliebten Menschen transportieren lassen können.

Es heißt, dass Optimismus nicht ein Charakterzug, sondern eine Wahl sei. Ebenso verhält es sich mit der poetischen Empfindsamkeit. Auch diese lässt sich pflegen, indem man mit der sorgfältigen Auswahl einiger Gegenstände als visuelle Hilfsmittel beginnt.

真剣

GOLDENE REGEL
NR. 5:
Shinken

(ernsthaft / mit echtem Schwert)

Immer sein Bestes geben

Der Erfolg entzieht sich denjenigen, die nicht wissen, wie man sich bei der ersten Niederlage wieder aufrafft und nicht aufgibt, er entzieht sich aber auch denjenigen, die meinen, dass sie immer eine zweite Chance haben.

In vielen Ländern Asiens wie Japan, China und Korea werden diejenigen, die erfolgreich sind, von ihren Mitbürgern bewundert. Denn auch wenn die von ihnen erzielten Ergebnisse außergewöhnlich sind, war ihr Ausgangspotenzial nicht immer besser als das der anderen.

Das lehrt uns, dass der Erfolg nicht nur vom Umfang unseres Könnens abhängt, sondern vor allem von unserer Fähigkeit, es voll zu nutzen.

In vielen europäischen Ländern werden große Unternehmer, berühmte Wissenschaftler oder talentierte Künstler, die die Geschichte geprägt haben, als Genies dargestellt. Das führt dazu, dass wir zuweilen denken, sie seien von der Natur mit außergewöhnlichen Talenten ausgestattet worden und daher sei ihnen alles leichtgefallen. Manche Menschen reden sich gern ein, sie wären ähnlich erfolgreich gewesen, wenn ihnen die gleichen Fähigkeiten in die Wiege gelegt worden wären. Die Vorstellung von einer geistigen Elite kann der Entwicklung einer Gesellschaft dauerhaft schaden. Diejenigen, die sich in Schwierigkeiten befinden, haben das Gefühl, nicht mithalten zu können, und laufen Gefahr, im Fatalismus zu versinken. Und diejenigen, die angefangen haben, sich selbst zu verwirklichen, neigen dazu, sich überlegen zu fühlen, und hören mit der Zeit auf, ihr Bestes zu geben.

Beständigkeit der Schnelligkeit vorziehen

In Japan hütet man sich vor denjenigen, die sich selbst als Elite präsentieren. Ein Genie, das sich ausschließlich auf eine (unvorhersehbare) Inspiration verlässt, eine Diva mit wankelmütigem Charakter, ein Hochbegabter, der beim ersten Misserfolg zusammenbricht, sind alles Personen, die zwar einen blitzschnellen Erfolg erleben können, doch ist dieser selten von Dauer. Was jedoch in Japan vor allem angestrebt wird, ist Stabilität. Diese hängt weniger von den Fähigkeiten einer Person ab als von ihrer Charakterstärke.

In Asien gilt Erziehung als Fundament der Gesellschaft. Anders als in vielen europäischen Ländern, wo der Unterricht darin besteht, technisches Wissen wie Mathematik, Sprachen oder Geschichte zu vermitteln, geht es den Lehrern in Japan vor allem darum, ihren Schülern Anstand und Werte beizubringen. Die Schule ist ein Ort, wo man lernt, wie man sich gut gegenüber anderen, aber auch sich selbst gegenüber verhält. Wenn ein Schüler eine

Prüfung nicht besteht, wäre es unvorstellbar, dass sein Lehrer zu ihm sagt: »Du bist vielleicht dumm!« Ein Lehrer stellt also nie die intellektuellen Fähigkeiten eines Schülers infrage, nur weil dieser es nicht geschafft hat, in einer Prüfung eine gute Note zu erzielen, im Gegenteil. Er regt ihn an, wieder Vertrauen in sich selbst zu fassen und vor allem eine Haltung von *shinken* anzunehmen, die darin besteht, sich ernsthaft und vollständig auf das einzulassen, was man unternimmt.

»真剣« bedeutet »echtes Schwert« und steht für die Fähigkeit, etwas mit aller Ernsthaftigkeit zu betreiben. Der Ausdruck stammt aus der Kampfkunst. Wer mit einem Holzschwert trainiert, stärkt vor allem seinen Körper, aber wer mit einem Partner übt und ein echtes Schwert benutzt, bildet auch seinen Geist aus. Obwohl es sich nur um ein Training handelt, darf man keinen Fehler machen. Die kleinste Schwäche in der Aufmerksamkeit wäre fatal. Entweder man wird selbst tödlich verletzt oder man tötet den Partner. Unter diesen Umständen ist der Geist vollständig auf die Handlung zentriert und gibt sein Bestes.

So handeln, als sei das unsere letzte Chance

Was für die Kampfkunst gilt, gilt auch für andere Lebensbereiche. Wie können wir erfolgreich sein, wenn wir uns damit begnügen, unsere Lehrbücher nur zu überfliegen, weil wir der Meinung sind, es bleibe uns noch viel Zeit vor der nächsten Prüfung? Wie können wir beim Sport gut abschneiden, wenn wir im Training rasch aufgeben und uns einreden, wir würden es eben beim nächsten Mal besser machen? Wie kann ein Unternehmer den gewünschten Erfolg erzielen, wenn er sich nicht die Mühe macht, sich detailliert auf die Verhandlung mit seinen Partnern oder Klienten vorzubereiten, weil er denkt, er könne rasch wieder Ersatz finden? Wir sollten uns von einem Fehler nicht entmutigen lassen, jedoch in der Lage sein, das, was wir tun, so auszuführen, als gäbe es keinen nächsten Versuch. Diese Geisteshaltung lässt uns das Leben und die Gelegenheiten, die es bietet, voll ergreifen.

Erfolg im Studium und bei der Arbeit
sowie Selbstverwirklichung im Liebesleben
hängen von der Fähigkeit ab,
im Jetzt alles zu geben.

Wenn wir zum Beispiel denken, unser Partner bliebe immer an unserer Seite, ganz egal, was wir machen oder sagen, werden wir uns nicht so aufmerksam verhalten wie am Anfang der Beziehung, und diese wird wahrscheinlich früher oder später in eine Krise geraten.

Lernen, sich vom Resultat zu lösen

Shinken bezeichnet somit die Tatsache, sich ganz auf die gegenwärtige Tätigkeit einzulassen. Hierfür muss man auch seinen Geist vom Resultat lösen können. Wenn jemand angesichts eines Schwertes denkt, er könnte durchbohrt werden, wird er von Angst überwältigt und kann nicht reagieren. Wenn er zu viel über das Ergebnis seines nächsten Angriffs nachdenkt, werden seine Bewegungen vorhersehbar.

Shinken sein bedeutet vor allem, eine Handlung um ihrer selbst willen zu vollziehen und nicht in der Hoffnung, etwas zu erhalten oder zu vermeiden.

Wer nur lernt, um die Prüfung zu bestehen, ist nicht shinken. Angestellte, die Überstunden machen, weil sie hoffen, dass sie dadurch die Anerkennung des Vorgesetzten gewinnen, sind ebenfalls nicht shinken. Indem sie sich auf die Ziele fixieren, vergessen sie die Handlung als solche zu schätzen. Wenn sie nicht die erhofften Ergebnisse erreichen, ist die Wahrscheinlichkeit groß, dass sie frustriert und entmutigt sind.

Wer die Empfindungen schätzen kann, die damit einhergehen, sein Bestes zu geben, kann trotz der Schwierigkeiten, die ihm begegnen, beständig bleiben. Seine Motivation und seine Selbstachtung sind dann weniger von äußeren Phänomenen abhängig, und das Ergebnis wird sich ganz natürlich einstellen. Bevor wir Erfolg erwarten können, müssen wir also die richtige Geisteshaltung schaffen und beibehalten.

Wie sieht es denn gerade bei Ihnen aus – sind Sie shinken?

頑張る

GOLDENE REGEL NR. 6:
Gambaru

(Beharrlichkeit beweisen)

Lernen, sich nicht zu verzetteln

»Wählen bedeutet auch, verzichten lernen.«
ANDRÉ GIDE

Mit diesen Worten versuchte André Gide uns zu warnen: Wer nicht zu verzichten weiß, kann nichts Großes vollbringen. Wie viele von uns haben schon stundenlang nachts wach gelegen und sich gefragt, warum sie bisher nichts erreicht oder geleistet haben, was sie stolz auf sich selbst sein ließe? Dabei ist es nicht etwa ein Mangel an Gelegenheiten, der uns daran hindert, uns zu verwirklichen. Vielmehr sind es die vielen Versuchungen und Möglichkeiten, die uns ständig vom Wesentlichen ablenken und uns von uns selbst entfremden.

Schon Descartes sagte, dass der Wanderer, der sich im Wald verirrt, nur dann den Ausgang finden kann, wenn er sich ganz klar für einen Weg entscheidet – auch auf gut Glück – und ihn dann bis zum Schluss verfolgt. Wer seine Zweifel nicht besiegen kann und zu oft die Richtung wechselt, verurteilt sich selbst dazu, ewig im Labyrinth der Bäume umherzuirren.

Es gibt die bekannte Lebensweisheit »Einzig Idioten ändern nie ihre Meinung«, doch sollte man auch die

Lehre von Erasmus nicht vergessen, die besagt »Wer gleichzeitig zwei Hasen hinterherrennt, erwischt keinen«. Wenn wir die Gewohnheiten unserer modernen westlichen Gesellschaft analysieren, können wir feststellen, dass die Hauptursache für das Scheitern, sei es im Sport, im Studium oder Berufsleben, selten an der Wahl einer schlechten Methode liegt; der Hauptgrund für unsere Niederlage ist vor allem mit einem Mangel an Beharrlichkeit verbunden. Es gibt zwei weitverbreitete Verhaltensweisen, die es uns erschweren, unsere persönliche Erfüllung zu finden: Ablenkung und zu frühes Aufgeben.

Nicht zu viel Neues ausprobieren, nur um dem Alltag zu entfliehen

Wenn wir zu oft Zeitschriften und die Posts bei Instagram und Co. anschauen, wo jeder sich inszeniert, um glücklicher zu erscheinen, als er in Wahrheit ist, werden wir unbewusst dahingehend gelenkt, immer wieder das Neue und Außergewöhnliche zu suchen, um uns zu verwirklichen.

Anstatt zu versuchen zu verstehen, wer wir in unserem Innersten sind, und herauszufinden, was wir wirklich wollen, ziehen wir es vor, auf neue Horizonte loszustürmen, um dem Alltag zu entfliehen.

Der beste Weg zu einem interessanten Leben ist sicherlich nicht, sich von Routine und alten Gewohnheiten einsperren zu lassen, aber was soll man von jemandem halten, der alles Mögliche anfängt und nie etwas zu Ende führt? Studenten, die jedes Jahr ihr Spezialgebiet wechseln, ohne je ein Diplom zu erhalten, oder vier Sprachen lernen, ohne je eine davon zu sprechen, werden ziemlich sicher auf Schwierigkeiten stoßen, wenn es darum geht, sich ins Berufsleben einzufügen. Wer alle drei Monate seine Leidenschaft wechselt, mehrere Musikinstrumente, verschiedene Formen von Tanz- oder Kampfkunst ausprobiert, ohne je eine davon zu beherrschen, wird niemals die Freude erleben, die das Gefühl mit sich bringt, etwas wirklich ausgezeichnet zu können. In einer Welt, wo sich alles kaufen lässt, werden selbst unsere Leidenschaften zur Zielscheibe der Konsumgesellschaft. Die Fitnessstudios haben das verstanden. Sobald man sich eingeschrieben hat, kann man je nach seinem aktuellen Bedürfnis jede Woche die Aktivitäten wechseln. Erfüllt es unser Leben wirklich, wenn wir unsere Leidenschaften konsumieren?

Die Methode erst wechseln, wenn man sie voll ausgetestet hat

Sich aus seiner Komfortzone bewegen bedeutet nicht unbedingt, um jeden Preis das Neue anzustreben, es kann manchmal auch bedeuten, dass man lernen muss durchzuhalten, um etwas zu Ende zu führen. Wie kann man

Vertrauen in sich selbst und seine Zukunft haben, wenn man alles aufgibt? Wenn man etwas beginnt, geht es oft schnell vorwärts. Nach einigen Wochen, ja sogar Monaten gibt es eine mehr oder weniger lange Phase der Stagnation. Wenn dann kein sichtbares Ergebnis mehr unsere Bemühungen belohnt, setzt oftmals Müdigkeit ein, und die Versuchung aufzugeben wird groß. Im Volksmund heißt es »Alles braucht seine Zeit«, doch gaukeln uns die Medien gern vor, dass es auch anders geht, indem sie uns von Menschen erzählen, die kometenhaft an die Spitze kamen. Wir verachten zusehends alles, was Zeit braucht. YouTube® bietet Videos im Überfluss an, die uns erklären, wie wir in zwei Wochen eine Fremdsprache lernen oder ein Start-up aufbauen und es in weniger als zwei Jahren in ein multinationales Unternehmen verwandeln können. Also glauben wir, dass es genügt, intelligent und schlau zu sein. Unbewusst suchen wir eine Wundermethode, dank der wir rasch Erfolg haben und ohne zu viel Anstrengung diejenigen übertreffen können, die schon lange beharrlich und geduldig diesen Weg gehen.

Rom wurde nicht an einem Tag erbaut und wäre wahrscheinlich nie entstanden , wenn die Baumeister immer dann die Methode gewechselt hätten, wenn die Arbeit an einem Bauwerk sich länger als vorgesehen hinzog.

Man darf sicherlich nicht Beharrlichkeit mit Dickköpfigkeit verwechseln, aber man sollte einer Methode auch genügend Zeit einräumen, dass sie sich bewähren kann, bevor man nach einer anderen sucht.

Die ständige Lust auf Neues und das Bedürfnis nach sofortigem Nutzen sind Teil unserer Veranlagung. Es gibt einen im Alltags-Japanisch häufig benutzten Begriff, der dazu anregt, sich vor diesen zwei Neigungen in Acht zu nehmen, nämlich das Wort *gambaru*. Wenn man es an eine andere Person richtet, bedeutet es, dass man ihr viel Mut wünscht, und wenn man es in der ersten Person benutzt, drückt es aus, dass man beabsichtigt, sein Bestes zu geben. Dieser Begriff enthält eine der repräsentativsten Werte des japanischen Volkes, nämlich die Achtung vor Beharrlichkeit. Es schreibt sich heute 頑張る, doch wurde es im Laufe der Geschichte auch mit den folgenden Zeichen geschrieben: 眼張る. 眼 bezeichnet das Auge, während 張る auf die Vorstellung von »ausbreiten«, »aufbieten« verweist. In diesem Fall lässt sich gambaru mit »seinen Blick auf etwas fixieren« übersetzen. Dabei handelt es sich um eine Art Versprechen, den anderen, aber auch sich selbst gegenüber, dass man sich so lange auf eine Sache konzentriert, wie es braucht, um ein bestimmtes Resultat zu erzielen. Unsere moderne Gesellschaft regt uns dazu an, Effizienz und Produktivität anzustreben, doch wurde Geschichte von nachhaltigen Unternehmungen gemacht. Uns wird beigebracht, nachzudenken und zu analysieren, doch wer lehrt uns, unseren Willen zu stärken und unsere Geduld zu trainieren?

Kein Bauer der Welt hat jemals die Ernte
am Tag nach der Aussaat eingefahren.

Aufgrund ihrer landwirtschaftlichen Tradition wissen die Japaner, dass nicht die Schnelligkeit, sondern die Nachhaltigkeit des Erfolgs uns im Leben erfüllt. Um etwas Nachhaltiges zu verwirklichen, ist Intelligenz allein nicht genug, ausschlaggebend ist vielmehr, auch dann beharrlich zu bleiben, wenn kein Zeichen von Erfolg in Sicht ist.

BEISPIEL

In einem japanischen Sprichwort heißt es »石の上に 三年«, übersetzt: »Drei Jahre lang auf einem Stein bleiben«. Dies besagt Folgendes: In der Natur sind Felsen kalt, aber wenn man drei Jahre lang auf einem Stein sitzen bleibt, erwärmt er sich. In diesem Kontext kann sich das Wort Stein auf eine bestimmte Situation beziehen, der wir im Laufe unseres Lebens begegnen. Die Kälte verweist auf die Tatsache, dass die Situation unangenehm ist. Dieses Sprichwort lehrt uns, dass aktuell empfundenes Unwohlsein Schritt für Schritt in den Hintergrund tritt, wenn wir beharrlich bleiben können, doch wenn wir ständig den Kurs ändern, verurteilen wir uns, immer nur auf kalten Felsen zu sitzen.

Gambaru verweist somit auf die Vorstellung von Beharrlichkeit. Man könnte die Interpretation aber noch weitertreiben. Wir kennen das Sprichwort »Aus den Augen, aus dem Sinn«. Wenn wir den Begriff gambaru aus diesem Blickwinkel untersuchen, könnte er auch bedeuten »Die Sache, die wir begonnen haben, weiterhin in unserem Herzen tragen«.

Das Leben ist zu kurz,
um nur aus Opfern zu bestehen.

Das wirksamste Mittel, ohne allzu viel Frust unseren Weg zu verfolgen, auch wenn noch kein Resultat in Sicht ist, besteht darin, Freude an der Handlung selbst zu haben.

Eine Haltung von gambaru bedeutet, Leidenschaft für die Dinge zu entwickeln, die man tun muss. Dazu sollte man sich der Tatsache bewusst sein, dass Leidenschaft kein Gefühl ist, das wie durch ein Wunder in uns entsteht. Um wirklich von etwas begeistert zu sein, sollten wir zunächst lernen, unsere Sensibilität zu kultivieren. So gelingt es uns, die Schönheit und den Sinn auch in alltäglichen Handlungen, die wir als Verpflichtung und uninteressant empfinden, zu erkennen.

皮切り

GOLDENE REGEL NR. 7:
Kawakiri

(Beginn)

Trotz aller Zweifel fortfahren

*»Manchen Menschen fehlte nur
der Mut, großartige und
schöne Dinge zu beginnen.«*
JOSEPH MICHEL ANTOINE SERVAN

Besitzen wir genügend Mut, die zu werden, die wir tatsächlich sind? Zu wenig Geld, zu wenig Einfluss, zu wenig Detailwissen, fehlende Unterstützung durch unsere Lieben … wir alle haben gute Ausreden, um den Weg, der zu unseren Träumen führt, nicht zu beschreiten – zu groß ist die Angst vor einem Scheitern. Manchmal haben wir zwar die nötige Kraft, um den ersten Schritt zu tun, doch wenn dieser schmerzhaft ist und größere Opfer fordert, kann es uns schnell unmöglich erscheinen, die vielen restlichen Schritte zu machen, die uns von unserem Ziel trennen. Wie können wir den Willen aufbringen, weiterzugehen, wenn wir uns von Schmerz, Angst oder Zweifel in die Enge getrieben fühlen? Wenn uns klar ist, dass diese Gefühle vergänglich sind, können wir uns auf den zweiten und dann den dritten Schritt konzentrieren, anstatt nur unsere aktuellen problematischen Umstände zu sehen.

Die Japaner, berühmt für ihre große Ausdauer sowohl auf sportlicher Ebene wie in der Berufswelt und im Privatleben, können auf Lehren zurückgreifen, die ihnen den Weg weisen, wie sie neuen Herausforderungen mit Gelassenheit begegnen. In der japanischen Sprache gibt es einen Begriff, der ein Geheimnis enthält, mit dem man rasch seine psychische Ausdauer erhöhen kann. Der Begriff *kawakiri,* der häufig mit »Beginn« übersetzt wird, hat in Wirklichkeit eine tiefere Bedeutung.

Wörtlich übersetzt bedeutet er »die Haut aufschneiden«.

Zwar gehört kawakiri heute zum Vokabular der Alltagssprache, doch war es früher ein Begriff, der von japanischen Ärzten, die traditionelle Moxibustion praktizierten, verwendet wurde. Bei der Moxibustion verglimmen kleine Mengen von getrockneten, feinen Kräutern auf oder über bestimmten Therapiepunkten auf der Haut. In der traditionellen chinesischen Medizin werden auf diese Weise Schmerzen behandelt, da die Energien im Körper des Patienten durch die Stimulierung dieser Therapiepunkte ausgeglichen werden. Normalerweise ist diese Therapie nur bei der ersten Anwendung unangenehm bis schmerzhaft. Denn die durch die Wärme der ersten Anwendung verursachte Empfindung kann so intensiv sein, dass der Patient das Gefühl hat, seine Haut würde aufgerissen. Sein erster Reflex ist deshalb, die heißen Kräuter möglichst rasch zu entfernen, um nicht verbrannt zu werden, doch muss er dem Arzt vertrauen und akzeptieren, dass das Verfahren fortgesetzt wird, damit die Behandlung tatsächlich wirken kann.

Kawakiri, die Haut aufschneiden, beschreibt somit ein heilbringendes Voranschreiten, dessen Anfänge jedoch schwierig sind. Wenn wir uns die erste Bedeutung von kawakiri vergegenwärtigen, können wir vier Dinge lernen, die erforderlich sind, um den Mut und die Ausdauer zu kultivieren, die nötig sind, um sich selbst zu verwirklichen.

Schmerz aufgrund von Veränderung vergeht wieder

Wer regelmäßig joggt oder einen anderen Ausdauersport betreibt, weiß, dass die ersten Minuten die schwierigsten sind. Muskeln und Sehnen sind steif, die Gelenke noch kalt, der Atem kurz, doch scheint vor allem unser Unbewusstes alles zu tun, um uns vom Weitermachen abzubringen. Von den ersten Sekunden an werden wir von Zweifeln bombardiert: »Warum joggst du überhaupt? Wozu soll das gut sein? Solltest du dich nicht lieber mit deinen Freunden oder der Familie vergnügen? Wäre es nicht besser, heute auszuruhen, wo du doch so müde bist?« Aber nach einigen Minuten erwärmt sich der Körper, und die Bewegungen werden geschmeidiger, unsere Gedanken beruhigen sich, und wir können den Augenblick genießen.

Schmerz ist die Folge von psychischem Widerstand

Durch Training kann die Zeit, die der Körper benötigt, um sich an die Anstrengung zu gewöhnen, zwar reduziert werden, doch lässt sich das vorübergehende Unwohlsein der ersten Minuten nie ganz vermeiden. Dennoch kann ein trainierter und motivierter Sportler leichter mit der Aufwärmphase umgehen als eine Person, die es nicht gewohnt ist, über sich selbst hinauszuwachsen oder sich persönliche Ziele zu stecken.

Um die Kraft zu finden, weiterzugehen,
wenn Körper und Geist rebellieren,
muss man den Mut haben,
dem Leiden zu begegnen und es mit
Ruhe und Gelassenheit zu analysieren.

Oft ist es nicht der Schmerz, der uns zurückhält, sondern die Angst, langfristig nicht mit ihm umgehen zu können.

> *»Eine Reise von 1000 Meilen*
> *beginnt immer mit dem ersten Schritt.«*

LAOTSE

Dieser berühmte Ausspruch des chinesischen Philosophen macht uns klar: Wer sich zu neuen Horizonten aufmacht, sollte seine Aufmerksamkeit nicht auf die zurückzulegende Distanz richten. Es ist nicht die Anzahl der Schritte, die die Schwierigkeit einer Reise ausmacht, vielmehr sind es die vielen psychischen Barrieren, die es zu überwinden gilt, wenn wir unsere Komfortzone verlassen müssen. Wenn wir weit laufen wollen, genügt es nicht, einfach die Beine zu stärken, wir müssen zuerst die entsprechende geistige Verfassung schaffen, damit wir uns vom Vertrauten entfernen können. Wenn wir uns nicht im Widerstand gegen Veränderungen verstricken, leiden wir weniger lang.

Jede Etappe auf dem Weg zu unserem Ziel schätzen

Recht häufig entsteht Schmerz, weil wir zu viel Zeit darauf verwenden, die Nabelschnur, die uns mit der aktuellen Situation verbindet, zu durchtrennen. Wir hoffen, das Ende des Tunnels, in dem wir uns befinden, bereits zu sehen, bevor wir uns überhaupt einen Schritt weiterbewegen. Das führt dazu, dass wir länger als nötig im

Dunkeln verharren. Niemand will scheitern, und nur wenige gehen wirklich gern ein Risiko ein. Deshalb besteht eine der besten Lösungen, um voranzukommen, darin, jeden einzelnen Schritt als regelrechten Sieg zu betrachten.

Opfer können ein Weg zur Erfüllung sein

Der berühmte chinesische Mönch Xuanzang war, allein in der unendlichen Weite der Wüste Gobi, gezwungen, eine schier unmögliche Entscheidung zu treffen. Er ahnte nicht, dass er sich mit dem ersten Schritt in Richtung eines sicheren Todes auf den Weg machte, sein Schicksal zu erfüllen.

> *»Es ist besser, bei dem Versuch zu sterben, noch einen Schritt weiter nach Westen zu tun, als zu überleben, indem ich zurückgehe.«*
>
> XUANZANG

Xuanzang befand sich auf dem Weg nach Indien, um nach heiligen Texten zu suchen, als er mitten in der Wüste von seinem Pferd stürzte. Nachdem er sich rasch aufgerappelt hatte, damit ihm der Sand nicht das Gesicht verbrannte, stellte er fest, dass seine Wasserflasche beim Sturz zerbrochen war. Das gesamte Wasser, das er für seine Reise benötigte, versickerte vor seinen Augen im Sand. Vor Angst erstarrt, blieb er lange regungslos stehen.

Schließlich wandte er den Blick nach Westen, wo sich zahlreiche Dünen wie gewaltige Wellen inmitten eines Meeres aus Sand erhoben und ihn von seiner nächsten Etappe in Richtung Indien trennten – dem heiligen Land, wo die Lehren Buddhas in Sutras, die in China noch unbekannt waren, zusammengetragen worden waren. Sein Überlebensinstinkt drängte ihn, umzukehren und sich zu seinem Ausgangsort im Osten, der weniger als eine Tagesreise zu Fuß entfernt war, zu begeben. Wenn er jetzt zurückginge, hätte er eine große Chance, zu überleben. Doch wusste er, dass er wahrscheinlich nie mehr nach Indien aufbrechen könnte. Der Kaiser hatte, aus Angst vor einer Invasion der Barbaren, vor Kurzem ein Einreise- und Ausreiseverbot erlassen. Da traf Xuanzang die unglaubliche Entscheidung, sich auf den Weg ins Unbekannte zu machen. Er wusste nicht, ob er Wasser zum Überleben finden würde, doch war er bereit, dieses Risiko einzugehen.

Indem er sich auf den scheinbar sicheren Tod zubewegte, gelang es Xuanzang, dank nächtlicher Regengüsse und der zufälligen Entdeckung von Quellen inmitten der Dünen, die Wüste zu überstehen. So konnte er sich nach Indien begeben, wo er zahlreiche heilige Texte fand, die er ins Chinesische übersetzte und später ins Reich der Mitte zurückbrachte.

Dieses Beispiel für extremen Mut sollte uns nicht dazu anstiften, unser Leben zu riskieren, doch lässt es uns verstehen, dass wir die Leidenschaft für unser Ziel wachhalten müssen, wenn wir erfolgreich sein wollen.

»Es bleibt einem jeden immer
noch so viel Kraft, das auszuführen,
wovon er überzeugt ist.«

GOETHE

無駄

GOLDENE REGEL
NR. 8:
Muda

(unnütz)

Zum Wesentlichen vordringen

Was bleibt von unserer Begeisterung, die uns einst auf den Weg unserer Träume geführt hatte, wenn wir schon »ewig« unterwegs sind, doch das Ziel noch immer außer Reichweite liegt? Was passiert mit uns, wenn es einfach nicht näher kommen will und wir uns immer erschöpfter fühlen? Wie kann es sein, dass nach so viel Anstrengung und Verzicht kein Ergebnis in Sicht ist, das uns für unsere Opfer belohnt? Sind wir zum Scheitern verurteilt? Oftmals ist mangelnder Wille ein Grund zu scheitern, doch wenn wir uns mit ganzem Herzen um eine Sache bemühen und dies dennoch vergeblich ist, haben wir vermutlich früher oder später das Gefühl, dass das Leben hart und ungerecht ist.

Wenn das Schicksal gegen uns zu sein scheint und das Pech offenbar der einzig verlässliche Gefährte geworden ist – was können wir tun, um an die Zukunft zu glauben?

»Unnütz, das Schwert zu ziehen,
um Wasser zu schneiden;
das Wasser fließt weiter.«

Li Bai

Mit diesem Vers lädt uns der berühmte chinesische Dichter Li Bai ein, einen Moment innezuhalten, damit uns

bewusst werden kann, dass es nicht ein Mangel an Gelegenheit, sondern die Wiederholung unnützer Handlungen ist, die verhindert, dass wir uns voll verwirklichen.

»Löwen haben eine große Kraft,
doch sie würde ihnen nichts nützen,
wenn die Natur ihnen nicht Augen
gegeben hätte.«

MONTESQUIEU

Charles de Montesquieu, einer der wichtigsten Vorden-
ker der Aufklärung, wollte uns mit diesen Zeilen zu verstehen geben, dass Kraft ohne Weitblick nicht viel wert
ist. Menschen mit einem starken Willen werden meist
rasch ungeduldig, wenn sich keine sichtbaren Resultate
zeigen. Oftmals verdoppeln sie dann ihre Bemühungen,
nur um bald darauf festzustellen, dass sie sich völlig ver-
ausgabt haben und noch weiter von ihrem Ziel entfernt
sind als vorher (siehe auch Seite 13). Wenn wir dagegen
bereit sind, eine Pause zu machen und zu prüfen, ob das,
was wir tun, wirklich nützlich ist, lässt der Erfolg meist
nicht lange auf sich warten.

Die Japaner, stark geprägt davon, dass ihr Land über
wenige natürliche Ressourcen verfügt, haben die Nicht-
Verschwendung zu einem wesentlichen Prinzip ihrer

Lebensphilosophie gemacht. Das japanische Wort *muda*, das mit »unnütz« übersetzt wird, enthält einen versteckten Sinn.

Dieser Begriff schreibt sich folgendermaßen 無駄. Das zweite Schriftzeichen bezeichnet das Gepäck, mit dem die Pferde beladen wurden, bevor es die modernen Transportmittel gab, während das Zeichen 無 die Vorstellung von Abwesenheit beschreibt. Die wörtliche Übersetzung von muda verweist somit auf die Tatsache, dass man ein Pferd gehen lässt, ohne es etwas tragen zu lassen. Der Sinn dieses Konzeptes erschließt sich erst, wenn man weiß, dass in Japan Pferde selten und für die Kriegsherren besonders kostbar waren, denn mit ihrer Hilfe ließen sich bequem Marschverpflegung, Waffen und andere unerlässliche Ausrüstungsgegenstände transportieren. Ein guter Stratege musste also nicht nur seine Truppen zu führen wissen, er musste auch lernen, die verfügbaren Pferde optimal einzusetzen. Das heißt, er musste vermeiden, sie umsonst laufen zu lassen, um ihre Energie für den Moment, wo sie wirklich gebraucht wurde, zu bewahren. Wenn man den Begriff muda analysiert, stellt man fest, dass er eine stärkere Bedeutung hat als das deutsche Wort »unnütz«. Während im Westen unnütz auf das verweist, was nicht produktiv ist, wird in Japan mit dem Begriff muda etwas assoziiert, das kontraproduktiv ist. Tatsächlich lässt uns das, was muda ist, nicht nur Zeit, sondern auch Energie verlieren.

Die Gefahr unnützer Anstrengungen ist,
dass sie uns nicht nur stagnieren, sondern
auch unser Ziel außer Reichweite rücken lassen,
indem sie uns schrittweise erschöpfen.

Auch wenn also Ausdauer und Beständigkeit notwendige Qualitäten sind, um etwas erfolgreich zu Ende zu bringen, sollte man Abstand zu seinen Aktivitäten nehmen können, um das Nützliche vom Überflüssigen zu unterscheiden. Hier ein paar Techniken, mit denen Sie Tag für Tag Ihre Energie optimieren können.

Unnötiges Tun beschränken, damit der Verstand zur Ruhe kommt

Die Verbindung zwischen Körper und Geist ist in der japanischen Kultur und besonders im Zen-Buddhismus allgegenwärtig.

Um in der Meditation zu innerer Ruhe zu gelangen, ist es wichtig, eine Haltung zu finden, die den Körper stabilisiert, damit man eine Zeit lang völlig regungslos bleiben und sich ganz auf sich selbst konzentrieren kann. Deshalb meditieren Zen-Mönche in der Lotus-Position – einer Haltung, die für weniger geübte oder gelenkige Menschen allerdings eine Herausforderung darstellt und durch eine andere aufrechte Position ersetzt werden kann.

Menschen auf der ganzen Welt suchen innere Ruhe, und in Japan äußert sich dies mit dem Willen zu strenger Kodierung. Bei der Zen-Meditation ist jede Tätigkeit in ein Ritual eingebunden, das keine unnützen Gesten erlaubt und nichts dem Zufall überlässt. Dies mag zwar ungewöhnlich erscheinen, ist jedoch eine äußerst wirksame Methode.

Die Meditation hat zum Ziel, den Geist zu beruhigen, damit er aus den Illusionen, die er selbst erzeugt, aussteigen kann.

Beispiel

Die Teezeremonie ist ein perfektes Beispiel, wie sich Rituale beruhigend auf den Geist auswirken. Sie heißt Sadō oder Cha no Yu auf Japanisch und bietet keinen Spielraum für Improvisation. Alles ist durch ein unverrückbares Protokoll genauestens festgelegt. Die Methode, um das Fukusa, das Stück Stoff, mit dem die Utensilien gereinigt werden, zu falten; die Art, wie man die Schöpfkelle Hishaku auf den Eisentopf legt, nachdem man daraus kochendes Wasser geschöpft hat; wie man den Chasen, den kleinen Teebesen aus Bambus, kontrolliert, bevor man ihn benutzt, um das Teepuder mit dem Wasser zu mischen; in welche Richtung man die Schale dreht, um sie den Gästen zu präsentieren ... für Anfänger mag es stressig erscheinen, sich an alle diese Gesten zu erinnern, doch wurden sie eigentlich festgelegt, um den Geist zu befreien. Tatsächlich wurde jede kleinste Bewegung optimiert und ritualisiert, damit der Körper sich bewegen kann, ohne den bewussten Teil des Gehirns dabei zu beanspruchen. Die fehlende Entscheidungsfindung erlaubt der geübten Person, die gesamte Zeremonie in einem Zustand intensiver Meditation durchzuführen. So kann man verstehen, dass die Regeln nicht aufgestellt wurden, um die Kreativität zu bremsen, sondern dem oft fehlgeleiteten Verstand zu ermöglichen, zur Ruhe zu kommen.

Diese Technik lässt sich auch auf die Berufswelt anwenden. Mehrere Studien haben gezeigt, dass Angestellte einige Stunden im Monat damit verbringen, an ihrem Arbeitsplatz Dokumente oder Büromaterial zu suchen. Das wirkt sich erheblich auf die Effizienz der Arbeit aus, weil unser Gehirn beim Suchen aktiv beansprucht wird. Haben wir den vermissten Gegenstand gefunden, braucht unser Geist einige Minuten, um seine Konzentrationsfähigkeit wiederzuerlangen.

Eine der besten Methoden, um uns nicht mehr zu verzetteln, besteht darin, die strengen Regeln der japanischen Teezeremonie zu kopieren. Für unseren Alltag genügt es, jedem Gegenstand seinen eigenen, festen Platz zuzuweisen und ein Ritual zu definieren, mit dem er nach jedem Gebrauch rasch wieder dorthin weggeräumt wird. Diese Gewohnheit sollten wir auch auf unsere virtuelle Umgebung, nämlich die Struktur in unserem Computer, anwenden.

Zusammenfassend können wir sagen:
Um die Effizienz zu steigern und stressbedingte
Müdigkeit zu verringern, ist es wichtig,
bestimmte Bereiche unseres Alltags zu
ritualisieren. So können wir unnötiges Tun
(muda) eliminieren und Automatismen schaffen,
die nicht ständig den bewussten Teil unseres
Gehirns in Anspruch nehmen.

Energie schwächende Gedanken beherrschen

Im Buddhismus wird der Verstand häufig mit einem verängstigten Pferd verglichen, das sich in seiner Koppel im Kreis dreht, bis es vor Erschöpfung umfällt. Um das zu vermeiden, gilt es, »unseren Verstand leer zu machen«.

Die Meditation ist eines der besten Mittel, um unserem Geist zu helfen, zur Ruhe zu kommen.

Bei der Meditation geht es nicht darum, die Gedanken auszuschalten, sondern sie fließen zu lassen, ohne sie zu beurteilen. Denn jeder einzelne, noch so überflüssige Gedanke erfordert Energie, um von unserem Gehirn erzeugt zu werden. Sobald ein Gedanke in Form einer Erinnerung oder Projektion in die Zukunft in unserem Bewusstsein auftaucht, äußern wir ein Werturteil, das ebenfalls eine erhebliche Dosis Energie verbraucht.

Wenn einem Gedanken ein negatives Werturteil beigemessen wird, hat er die Tendenz, sich zu manifestieren. Im schlimmsten Fall kommt es zu einer geistigen Blockade, das heißt, der Verstand ist völlig in diesem Gedanken gefangen. Man spricht dann vom Gedankenkarussell. Wir sind wie das verängstigte Pferd der buddhistischen Metapher, das, trotz seiner Kraft, nicht von der Schönheit der Welt profitieren kann und in seiner Koppel versauert. Die Meditation bringt uns die nötige Ruhe, um Abstand zu gewinnen, sodass wir über die mentalen Barrieren, die uns gefangen halten, springen können.

Sobald der Geist erlöst ist, kann er neue Gedanken betrachten, ohne Werturteile zu äußern. Er kann dann seine Energie für konstruktivere Aktivitäten benutzen. Die traditionelle japanische Kultur misst Visualisierungsübungen während des Meditationsprozesses eine große Bedeutung bei, weil sie helfen, den Geist von negativen Gedanken zu befreien (siehe auch ab Seite 38).

Zwischenziele festlegen, um die Wirksamkeit unserer Methoden zu überprüfen

Wille allein genügt nicht, um das zu erreichen, was wir uns vornehmen. Im Studium wie im Berufsleben ist es wichtig, eine Methode zu erarbeiten, die uns entspricht und uns ermöglicht, unsere Kompetenzen zu optimieren. Um unnötige Anstrengungen zu vermeiden, müssen wir lernen, sie ausfindig zu machen. Dies tun wir am besten, indem wir uns messbare Zwischenziele stecken, damit wir regelmäßig unseren Fortschritt überprüfen können.

Beispiel

Wenn es darum geht, eine Fremdsprache zu erlernen, beginnen viele damit, ellenlange Vokabellisten zu erstellen, und begnügen sich damit, diese immer wieder durchzulesen. Das erscheint zwar auf den ersten Blick sinnvoll, doch tatsächlich verliert man mit dieser Methode sehr viel Zeit. Wenn man damit fortfährt, wird man keine Erfolge verbuchen und höchstwahrscheinlich bald entmutigt sein. Um das zu vermeiden, sollte man am Ende des Tages überprüfen, wie viele Wörter man im Gedächtnis behalten hat. Wenn man sich an weniger als 70 Prozent erinnern kann, ist es sinnvoll, die Methode zu wechseln.

Das Gehirn speichert im Langzeitgedächtnis nur die Informationen, die es für wichtig hält. Damit unser Nervensystem einer Information Bedeutung beimisst, muss sie entweder irgendeinen emotionalen Bezug für uns haben oder wir müssen sie während eines bestimmten Zeitraumes mehrfach wiederholen. Da man unmöglich mit jedem Wort eine starke Emotion verbinden kann, sollte man sich, wenn man eine Sprache lernt, jeden neuen Begriff eine Woche lang mehrere Dutzend Mal pro Tag vergegenwärtigen, bis man ihn sich wirklich eingeprägt hat. Diese Technik lässt sich auf sämtliche Aktivitäten anwenden, bei denen es ums Erinnern geht. Am wichtigsten ist jedoch, will man muda vermeiden, regelmäßig Zwischenziele festzulegen, um den Fortschritt eines Projektes zu überprüfen.

Das Wechselspiel des Rhythmus von voll und leer verstehen

Die asiatische Kultur basiert auf der Vorstellung von Yin und Yang, die besagt, dass es immer zwei entgegengesetzte Kräfte gibt, die miteinander in Einklang stehen. Gemäß dieser Theorie wird die Welt, die uns umgibt, uns eingeschlossen, von einem ständigen Wechselspiel zwischen diesen beiden Kräften beeinflusst.

Die moderne Medizin bestätigt, dass unser Körper im Laufe des Tages verschiedenen hormonellen Zyklen unterworfen ist. Unser Stoffwechsel variiert entsprechend unserem Cortisol-, Serotonin- und Melatonin-Pegel. Deshalb sollten wir für wirklich kreative Aufgaben und produktives Arbeiten möglichst die leistungsstarken Momente wählen. Zwar haben wir alle viele Konstanten gemeinsam, doch variieren die Rhythmen je nach Person. Deshalb ist es wichtig zu lernen, auf unseren Körper zu hören und unsere persönlichen Rhythmen ausfindig zu machen, um unseren Tagesablauf entsprechend unseren Hochs und Tiefs zu optimieren. Es kann keine Effizienz ohne Harmonie geben, was bedeutet, dass wir auch etwas von Ernährung verstehen und die Schlafenszeiten kennen sollten, die am besten zu uns passen.

Der Rhythmus unseres Alltags ist den Zyklen der Beschleunigung und Verlangsamung unserer Vitalfunktionen unterworfen. Wir können ihren Einfluss auf unser Leben nur dann besser kontrollieren, wenn wir uns dieser Zyklen bewusst werden.

*Keine Zeit mit etwas verlieren, was die Mühe
nicht wert ist*

RECHT BEHALTEN ODER ENERGIE SPAREN?

Eine Legende besagt, dass Konfuzius eines Tages
einen seiner Schüler im Streit mit einer Biene
vorfand. Zankapfel war die Anzahl der Jahreszeiten
innerhalb eines Jahres. Während Konfuzius' Schüler
der Biene zu erklären versuchte, dass es vier Jahreszeiten gebe, bestand diese darauf, dass es nur drei
seien. Der Meister, der spürte, wie die Wut im
Herzen seines Schülers wuchs, unterbrach ihn und
sagte zur Biene: »Meine Dame, du hast recht, es gibt
nur drei Jahreszeiten pro Jahr. Mein Schüler ist noch
unwissend, ich werde ihn unterrichten, du kannst
dich also getrost entfernen.«
Höchst zufrieden und frohgemut flog die Biene
davon. Der Schüler war außer sich und fing an zu
schreien: »Frühling, Sommer, Herbst und Winter!
Das sind vier Jahreszeiten, und das wisst Ihr auch.
Meister, warum habt Ihr mich vor der Biene ver-
leugnet?« Konfuzius sah seinen Schüler an und sagte
zu ihm: »Du weißt doch, dass Insekten wegen der
Kälte im Herbst sterben und folglich den Winter
nicht kennen. Es nützt also nichts, einer Biene die
vierte Jahreszeit erklären zu wollen. Mir war wichtig,

> möglichst rasch euren Streit zu beenden, weil ich
> gesehen habe, dass er dich schmerzlich berührt
> hat. Mir ist lieber, du sparst dir deine Energie für
> interessantere Streitgespräche auf.«

Es ist durchaus menschlich, dass wir verstanden werden wollen, aber manchmal lässt uns das unnötig leiden.

Wenn wir akzeptieren, dass manche Dinge nur von uns selbst verstanden werden können, schützt uns das vor Wut und Trauer. Letztere sind muda für unseren Geist. In solchen Streitsituationen ist es hilfreich, sich die Parabel von der Biene zu vergegenwärtigen. Denn dann können wir damit aufhören, andere für ihr Unverständnis zu kritisieren, weil uns bewusst ist, wie schwer man etwas begreifen kann, was man nicht selbst erlebt hat.

馬鹿

GOLDENE REGEL
NR. 9:
Baka

(dumm)

Die eigenen Urteile stärken

*»Wahre Macht liegt in unserer Welt
nicht in der Autorität, sondern im Einfluss.
Die Macht, die nichts als Macht sein will
und Einfluss verschmäht, hat nur schwachen
und prekären Bestand.«*

ALEXANDRE VINET

Schon 1845 warnte der Theologe Alexandre Vinet die Mächtigen davor, zu versuchen, Menschen mit Gewalt zu führen, anstatt ihr Herz zu erobern. Eine echte Führungspersönlichkeit hat es nicht nötig, Befehle zu erteilen oder Drohungen auszustoßen. Vielmehr erzeugt sie mit ihrer Haltung Vertrauen und dient als Vorbild, sodass es für die Menschen ganz natürlich erscheint, ihr zu folgen, ohne dass sie es von ihnen verlangen müsste. Wer anderen als Beispiel dienen möchte, sollte sich allerdings selbst kontrollieren können. Folglich gilt es, bevor man jemanden führen möchte, darauf zu achten, sich nicht von jedem Beliebigen beeinflussen zu lassen.

Viel zu viele Menschen sind jedoch gerne bereit, sich rasch der Meinung anderer anzuschließen, ohne jemals selbst nach Antworten zu suchen.

»Sapere aude: Wage es, weise zu sein.« Immanuel Kant hat die Herausforderung dieser Maxime wohl verstanden, als er sie zum Leitspruch der Aufklärung machte. Wer nicht fähig ist, selbst eine Entscheidung zu treffen, dem bleibt nur die Möglichkeit, den Ideen anderer zu folgen.

Früher wurde die Meinungsfreiheit durch Zensur zunichtegemacht; heutzutage ist es die Angst vor Zurückweisung, die unseren Geist am analytischen Denken hindert. Wahrheit schlägt sich nicht auf eine Seite. Wer seinen Verstand nicht einsetzt, wird sich immer von anderen beeinflussen lassen. Ungeachtet seiner Position in der Hierarchie besitzt er keine echte Macht. Im Geschäftsleben wimmelt es von Managern, die unfähig sind, Entscheidungen zu treffen, und sich von der jeweils letzten Person, der sie begegnen, beeinflussen lassen. Diese unentschlossenen Entscheidungsträger sind nicht in der Lage, ein Projekt zielstrebig voranzubringen. Kaum haben sie sich für eine Vorgehensweise entschieden, ändern sie ihre Meinung, sobald ein x-Beliebiger Kritik daran äußerst.

»Der Mensch, der nicht zugibt,
dass auch eine andere als seine eigene
Meinung zählt, ist ein Idiot.«

ÉMILE DE GIRARDIN,

berühmter Verfechter der Pressefreiheit

Der japanische Begriff *baka,* der oft mit »dumm«
übersetzt wird, veranschaulicht gut, wie wichtig es ist,
den Mut zu selbstständigem Denken zu kultivieren. Baka
wird manchmal mit den beiden folgenden Zeichen geschrieben: 馬, was Pferd bedeutet, und 鹿, was einen
Damhirsch bezeichnet. Manche Etymologen führen die
Wahl dieser beiden Schriftzeichen auf eine Geschichte
zurück, die beschreibt, wie ein Kaiser vor seinem Volk
blamiert wurde.

Einen Hirsch für ein Pferd ausgeben

Laut dieser Legende war der zweite Kaiser zur
Zeit der Qin-Dynastie zur Marionette seines
Obereunuchen geworden. Dieser Eunuch, Zhao
Gao genannt, war ein großer Manipulator mit
einem ausgeprägten Machthunger. Eines Tages
wollte er die Treue der hohen Amtsträger, die ihn
umgaben, testen. Dazu versammelte er den Hof
und führte dem Kaiser einen Damhirsch vor
mit den Worten: »Ich biete Euch ein Pferd an.«
Der verblüffte Kaiser konnte seine Überraschung
nicht verbergen und wagte zu fragen: »Aber ist
das nicht ein Damhirsch?« Zhao Gao sah sich
um und warf allen Anwesenden einen drohenden
Blick zu. Aus Angst vor der Rache des einflussreichen
Eunuchen beeilten sich nun alle Versammelten,

> dem Kaiser zu versichern, dass es sich hier sehr
> wohl um ein Pferd handle. Letzterer war schwach,
> begehrte nicht weiter auf und behandelte den
> Damhirsch, den er erhalten hatte, wie ein
> Pferd, was ihn zum Gespött eines Großteils des
> Reiches machte.

»Nichts ist so gerecht verteilt wie der gesunde Menschenverstand«, meinte Descartes, doch muss man auch den Mut haben, ihn einzusetzen. Die verschiedenen japanischen Schulen des Zen-Buddhismus lehren ihre Schüler, sich von dem, was sie »Illusion« nennen, zu lösen. Diese Methode, die aus verschiedenen Phasen besteht, kann man im Alltag anwenden, um zu verhindern, dass man selbst baka wird.

Erkennen, dass wir beeinflussbar sind

Als Erstes müssen wir uns, wenn wir nicht baka sein wollen, der Grenzen unseres freien Willens bewusst werden.

Zwar haben wir manchmal den Eindruck, in unseren Urteilen und Handlungen frei zu sein, doch handelt es sich hierbei nur um eine Illusion. Zahlreiche Studien haben aufgezeigt, dass ein großer Teil unserer Entscheidungen in Wirklichkeit von unserem Unbewussten bestimmt wird. Unser rationales Gehirn ist selten am Prozess beteiligt, vielmehr bleibt ihm oft nur die Möglichkeit, im

Nachhinein konkrete Argumente zu finden, um unsere Wahl zu bestätigen. Folglich wird ein großer Teil unseres Lebens von unserem Unbewussten bestimmt.

Da der Mensch aufgrund seiner DNS für das Leben in der Gemeinschaft programmiert ist, wird er naturgemäß stark vom Verhalten seiner Mitmenschen beeinflusst.

Wenn man den Zen-Buddhismus zu praktizieren beginnt, gehört es dazu, diese Realität zu akzeptieren. Um zu verstehen, wer sie wirklich sind, werden die jungen Mönche eingeladen, über die Vorstellung des »Nicht-Selbst« zu meditieren. Auch wenn dieses Konzept viele Menschen im Westen verwirrt, so verweist es doch lediglich auf die Tatsache, dass wir in unserem Dasein aufeinander angewiesen sind. Auf dieser Welt gibt es kein Ding, geschweige denn ein Lebewesen, das völlig unabhängig und selbsterhaltend wäre.

INDRAS NETZ

Im Hinduismus und Buddhismus gibt es ein schönes Bild für die Verbundenheit alles Seienden: In diesen Traditionen wird erzählt, dass der vedische Gott

Indra ein außergewöhnliches Netz knüpfte, das bis ins Unendliche reicht. An jedem Kreuzungspunkt befindet sich ein kleiner Diamant. Das Licht eines jeden Diamanten spiegelt sich in einem anderen Diamanten, der wiederum von einem anderen reflektiert wird. Jedes Juwel hat ein individuelles Dasein, hängt jedoch gleichzeitig von den anderen ab. Wenn ein Juwel schwingt, bringt diese Schwingung das Netz sanft zum Wogen, sodass sich die anderen Juwelen ebenfalls bewegen. Der Mensch gleicht diesen Diamanten. Zwar hat er seine eigene Existenz, steht jedoch in ständiger Wechselwirkung mit den anderen Individuen sowie der Gesamtheit seiner Umgebung.

Als freier Mensch zu leben bedeutet nicht, in der Illusion totaler Unabhängigkeit zu leben. Der erste Schritt zur Erhaltung des freien Willens besteht darin, sich bewusst zu werden, dass wir ständig von den Menschen um uns beeinflusst werden. Diesbezüglich schrieb Gustav Meyrink, Autor des berühmten Buches *Der Golem*, in *Die vier Mondbrüder:* »Die Einflüsse, die wir nicht wahrnehmen können, sind die mächtigsten.«

Lernen zu wählen, was uns beeinflusst

Der erste unumgängliche Schritt, um nicht baka zu sein, besteht darin, zu verstehen, dass wir alle beeinflussbar sind. Sobald dies klar ist, geht es als Zweites darum, zu wählen, von was wir uns beeinflussen lassen. Unser Gehirn befindet sich in ständiger Entwicklung und verändert und verstärkt unaufhörlich seine Verbindungen entsprechend seiner Umgebung. Diese Veränderung erfolgt auch dann, wenn uns das, was uns umgibt, nicht gefällt und wir ihm in keiner Weise Bedeutung beimessen wollen.

Das bedeutet, wir müssen zuerst lernen, ein günstiges Umfeld zu schaffen, um das Leben zu führen, das wir wollen. Wenn wir uns mit einer Person umgeben, sei diese uns sympathisch oder nicht, werden wir automatisch, ohne es zu wollen, bestimmte Verhaltensweisen nachahmen oder manche ihrer Werturteile übernehmen. Das gilt auch für Personen, die körperlich nicht anwesend sind.

»Wer sich an Tinte reibt, wird schwarz.«
KONFUZIUS

So beeinflussen uns auch Schauspieler in einem Film, Schriftsteller über ihre Werke oder Sänger mittels ihrer Musik und ihrer Clips. Wir werden ständig von anderen beeinflusst. Während wir mit bestimmten Personen verkehren müssen, wie etwa unseren Arbeitskollegen, Nach-barn und Familienmitgliedern, sind wir frei, unsere Freunde sowie die Filme und Bücher, die wir konsumie-ren, zu wählen.

Wenn wir wollen, dass sich etwas in unserem Leben verändert, sollten wir beginnen, unser materielles und auch virtuelles Umfeld zu verändern.

Uns nicht von unseren Emotionen zum Narren halten lassen

Als freier Mensch zu leben bedeutet nicht nur, zu lernen, sich nicht manipulieren zu lassen, sondern auch darauf zu achten, dass wir nicht von unseren eigenen Emotionen zum Narren gehalten werden. Wut, Eifersucht, Traurig-keit und manchmal sogar überbordende Freude lassen uns Entscheidungen treffen, die wir unter normalen Um-ständen niemals getroffen hätten. Um nicht Dinge zu tun, die wir später bereuen, sollten wir lernen, das zu entwi-ckeln, was die Buddhisten das dritte Auge nennen. Dieses ist keine übersinnliche Fähigkeit, sondern die Kunst, un-seren Blick nach innen zu richten. Mithilfe des dritten Auges können wir unsere Emotionen beobachten und so verhindern, dass wir von ihnen gesteuert werden.

Bei der Zen-Praxis geht es nicht darum, Emotionen auszuschalten. Vielmehr lehrt uns die Meditation, wie wir unseren Verstand beherrschen können, um den nötigen Abstand zu unseren Gefühlen zu gewinnen, damit sie uns nicht versklaven.

Die Meditation besteht aus einer regelmäßigen Innenschau, die uns erlaubt, zwischen unserem tiefen Selbst und unseren Emotionen, die entstehen und vergehen, ohne dass wir sie wirklich kontrollieren könnten, zu unterscheiden.

»Ohne Meditation sind wir
blind in einer Welt von großer Schönheit,
voller Lichter und Farben.«

JIDDU KRISHNAMURTI

Uns nicht von unserem analytischen Verstand zum Narren halten lassen

Der Zen-Buddhismus lehrt uns, nicht nur zu erkennen, dass wir beeinflussbar sind und uns dementsprechend eine förderliche Umgebung schaffen müssen, er hilft uns auch, mit Gelassenheit unsere Emotionen zu begreifen und nicht zuletzt darauf zu achten, dass wir uns nicht von unserem analytischen Verstand zum Narren halten lassen. Letzteres mag etwas merkwürdig erscheinen. Warum sollten wir uns vor dem hüten, was als Kern unseres rationalen Verstandes gilt? Der unwissende Mensch meint, er sei unverletzbar, nur der Weise kennt seine Grenzen. Um unseren Geist aufs Beste zu gebrauchen, sollten wir wissen, wie er tatsächlich funktioniert. Wir haben keinen direkten Zugang zur wirklichen Welt. Um überleben zu können, müssen wir unsere Sinne hinzuziehen. Diese senden Signale in Richtung Nervensystem, welches die Signale interpretiert. Oft verarbeitet unser Gehirn nur einen sehr kleinen Teil der Information, die es empfängt. Aus Gründen der Effizienz beschäftigt sich unser rationales Gehirn nur mit den Dingen, die es als wichtig erachtet. Mit anderen Worten, es verbirgt absichtlich bestimmte Informationen vor uns.

BEISPIEL

Es gibt ein einfaches Experiment, das zeigt, dass unser Gehirn absichtlich bestimmte von unseren Sinnen übermittelte Informationen vor unserem Bewusstsein verbirgt. Das gilt besonders für das Sehen. Probieren Sie folgendes Experiment: Laden Sie einen Freund oder Kollegen ein, sich mit Ihnen in einen Raum zu setzen, und bitten Sie ihn, in weniger als 30 Sekunden fünf blaue Gegenstände auszuwählen. Wenn die Zeit um ist, lassen Sie ihn die Augen schließen und bitten ihn, diese zu beschreiben. Höchstwahrscheinlich wird er diese Übung ohne allzu große Schwierigkeiten schaffen. Nun ist es Zeit, Ihrer Testperson begreiflich zu machen, dass sie trotz ihres Erfolges von ihrem Gehirn manipuliert wurde. Hierzu bitten Sie die Person, die Augen geschlossen zu halten, und befragen sie in Bezug auf rote Gegenstände, die sich im Raum befinden. Sie werden feststellen, dass sie Mühe haben wird, diese aufzuzählen. Dabei haben ihre Augen diese roten Gegenstände gesehen, doch ihr Gehirn war so auf die blauen konzentriert, dass es die Informationen bezüglich der anderen Farben nicht verarbeitet hat.

Bevor wir uns auf unsere Analysen verlassen, sollten wir uns immer fragen, ob unser Forschungsansatz oder der Bereich, den wir beobachten, nicht beschränkt ist.

Keine Angst haben, als dumm zu gelten

Es ist schon schwierig, sich selbst zu kennen, wie können wir da erwarten, eines Tages von anderen vollständig verstanden zu werden? Die Parabel von Zhao Gao und dem Kaiser hat uns gezeigt, dass nicht derjenige baka ist, der nicht reflektieren kann, sondern derjenige, der sich nicht traut, seine Wahrheit zu verteidigen. Baka sein heißt nicht, unterwegs zu scheitern, sondern einen Weg einschlagen zu wollen, der nicht zu uns passt.

Wir haben gelernt, universelle Wahrheiten zu suchen, und dennoch lehrt uns die moderne Wissenschaft, dass unser Dasein nur eine für die Materie charakteristische und einzigartige Erfahrung sei. Was für einige gut ist, ist es für andere vielleicht nicht. So tauchen die Enten unter Wasser, wenn die ersten eiskalten Winterwinde über die Ebenen fegen und die Temperaturen unter null sinken, während die Hasen sich in ihren Bau zurückziehen.

Es ist besser, wenn wir riskieren, unserem Weg des Herzens zu folgen, auch wenn er zahlreiche Umwege bereithält und uns manchmal straucheln lässt, als uns auf einer konformen Bahn zu bewegen, die scheinbar sicher und bequem ist, uns jedoch von unseren tiefsten Sehnsüchten wegführt.

Einzig wer nicht fürchtet, baka genannt zu werden, kann darauf hoffen, es nicht zu werden.

Achten wir darauf, nicht zum Hasen zu werden, der in den Bach springt, weil er versucht, die Enten nachzuahmen, und bei diesem Versuch ertrinkt.

Nicht alle unsere Wahrheiten teilen

Um uns voll zu verwirklichen, sollten wir den Mut haben, uns unsere eigenen Wahrheiten zu schaffen, doch sollten wir uns nicht so sehr an unsere Wahrheiten binden, dass wir uns isolieren.

Auch wenn wir als freie Menschen leben, sollten wir darauf achten, dass wir nicht als einsame Menschen enden.

Unser kritisches Denken sollte uns nicht unser Herz vergessen lassen. Wir sind Herdentiere und müssen in Gesellschaft leben. Es ist wichtig zu lernen, seine Ideen nur mit denjenigen zu teilen, die bereit sind, sie zu hören. Das bedeutet nicht, dass wir uns nur mit den Personen austauschen sollten, die so wie wir denken, sondern dass es gut ist, wenn wir bestimmte Dinge für uns behalten können.

Das Leben ist friedlicher, wenn wir verstehen, dass Harmonie manchmal kostbarer ist, als unsere Wahrheit zu vertreten. Wie viele Liebesbeziehungen, wie viele Freundschaften, wie viele Unternehmen sind nicht schon zerstört worden, weil jemand auf seinen subjektiven Wahrheiten bestand. Wer sich beeinflussen lässt und nicht selbstständig zu denken wagt, ist zwar baka, doch was ist von jemandem zu halten, der sich aus einem nichtigen Grund über die Maßen über eine ihm wichtige Person ärgert? Auch wenn seine Argumente stimmen, ist derjenige, der geliebte Menschen verletzt, immer baka. Die Tatsache, dass wir einem Gedanken mehr Bedeutung beimessen als einer Person, zeigt, dass es uns am Gefühl für Prioritäten mangelt.

Ein Streitgespräch sollte uns helfen, uns weiterzuentwickeln, und nicht dazu führen, dass eine wichtige Beziehung gefährdet wird. Oftmals ist es besser, unsere Urteile für uns zu behalten und bei Kleinigkeiten großzügig zu sein, anstatt Barrieren aufzubauen. Wir tun gut daran, uns zu fragen, ob wir in diesem Moment unbedingt recht haben oder einfach glücklich sein wollen. Allenfalls ist es besser, so zu tun, als sei man baka, als ein Einzelgänger zu werden, der (scheinbar) »alles weiß«.

おもてなし

GOLDENE REGEL
NR. 10:
Omotenashi

(Gastfreundschaft)

Ehrlichkeit geht über alles

»Es war das Haus eines Bauern, aber seine Gastfreundschaft war eines Königs würdig.«

DIE REISE ZUM MITTELPUNKT DER ERDE,
JULES VERNE

Wenn wir diese Worte aus dem berühmten Roman von Jules Verne lesen, sehen wir, dass der Autor uns viel weiter als bis zum Mittelpunkt der Erde bringt, er führt uns, ohne dass wir es merken, zum Kern des menschlichen Wesens. Jules Verne lehrt uns, dass unser größter Reichtum sich nur offenbart, wenn wir ihn teilen, denn dieser Reichtum ist nichts anderes als unsere Menschlichkeit.

Unsere Gesellschaft wird, so der französische Autor Pascal Bruckner, von der »Tyrannei des Glücks« charakterisiert, das heißt, wir fühlen uns geradezu verpflichtet, glücklich zu erscheinen. Wenn wir ein erfülltes Leben führen möchten, geht es jedoch in Wahrheit darum, andere glücklich zu machen.

In Ländern wie Japan, wo die Wirtschaft traditionell auf Reisanbau basierte, der die gegenseitige Hilfe von wesentlich mehr Personen erfordert, als das beim Anbau von Weizen der Fall ist, scheint die Bedeutung des Zusammenlebens tiefer im kollektiven Unbewussten verankert zu sein als in Gesellschaften, in denen Brot die Ernährungsgrundlage ist. Vermutlich wird auch deshalb in Japan Gastfreundschaft als eine der obersten Tugenden angesehen. Während unsere Schulen sehr viel Wert auf die Entwicklung des kritischen Geistes ihrer Schützlinge legen, liegt in Japan der Fokus auf der Herzensbildung. Denn auch neue Arbeitnehmer werden aufgrund ihrer Fähigkeit beurteilt, potenziellen Geschäftspartnern und Kunden das Gefühl zu vermitteln, willkommen zu sein.

Tatsächlich kann ein Unternehmen, und sei es noch so groß, nicht erwarten, ohne die Unterstützung seiner Partner zu überleben, geschweige denn zu gedeihen. Ein zynischer Blick auf die Welt könnte uns zu der Annahme verleiten, dass nur die finanzielle Stärke eines Unternehmens die Loyalität seiner Kunden und Partner gewährleisten kann. Doch es gibt zahlreiche Start-ups und kleine Unternehmen, denen es gelingt, rasch dauerhafte Verbindungen mit bereits gut etablierten Partnern zu schaffen. Deren Führungskräfte haben weder alle Elitehochschulen besucht, noch verfügen sie grundsätzlich über beträchtliche Kapitaleinlagen, doch die meisten besitzen eine wesentliche Qualität: Sie wissen mit Wertschätzung umzugehen.

> *»Gute Umgangsformen lassen sich
> nicht wie eine Lektion lernen,
> die man mechanisch herunterleiert.«*
>
> EMMELINE RAYMOND

Das erklärt, warum gute Umgangsformen nicht an unseren Schulen unterrichtet werden und diese sich vielmehr auf Regeln und Definitionen konzentrieren, die leicht auswendig gelernt und wiedergegeben werden können.

Ist es wirklich nützlich zu wissen, wie man Sympathien gewinnt, wenn man mit aller Kraft nach Profit strebt? Häufig wird gesagt, Geld regiere die Welt, doch wird dabei oft vergessen, dass es sich dabei um keine absolute Herrschaft handelt. Denn der zweite, mindestens so despotische Herrscher ist unser Unbewusstes. Wir meinen, in einer von Materialismus geprägten Welt zu leben, während in Wirklichkeit unsere Emotionen die Fäden der Macht in der Hand halten.

Wie ich es schon bei muda, der goldenen Regel Nr. 8, dargelegt habe, wird der größte Teil unserer Entscheidungen von Werturteilen bestimmt. Der rationale Teil unseres Denkens dient häufig nur dazu, konkrete Argumente zu finden, um die Entscheidungen zu rechtfertigen, die auf der Ebene unseres Unbewussten gefällt wurden. Verhandeln ist somit nicht eine Wissenschaft, sondern eine Kunst, für die Gefühle ebenso wichtig sind wie der Intellekt.

Lernen zu verhandeln bedeutet zu verstehen, wie wir bei unserem Gesprächspartner bestimmte Emotionen wecken können. Manche Menschen versuchen andere zu manipulieren, indem sie ihnen unterschwellig drohen oder schmeicheln, doch können wir auf diese Weise keine gesunden und dauerhaften Beziehungen schaffen. Unser Gegenüber wird umso eher zur Zusammenarbeit und zu Konzessionen bereit sein, je mehr es aufrichtig unsere Gesellschaft schätzt. Das dürfte eine der Grundvorstellungen sein, die von den meisten japanischen Führungskräften geteilt wird.

Die ganz besondere Bedeutung, die die Einwohner des Landes der aufgehenden Sonne der Kunst des Empfangs beimessen, wurde 2013 von der berühmten Fernsehmoderatorin Christel Takigawa anlässlich einer Rede offenbart. Es ging dabei um die offizielle Kandidatur Japans als Gastgeberland für die Olympischen Spiele 2020. Im Bewusstsein, dass weder die Medien noch die Fernsehzuschauer sich an ihre vollständige Rede erinnern würden, hatte sie sich zum Ziel gesetzt, ein einfaches und durchschlagendes Wort zu finden, mit dem sie Aufmerksamkeit erregen und die Stärken der Kandidatur ihres Landes zusammenfassen konnte.

Der Begriff, den Christel Takigawa auswählte, *omotenashi*, wurde rasch von den nationalen und internationalen Medien aufgegriffen. Man benutzte ihn über den Kontext der Olympischen Spiele hinaus auch in

Kampagnen, die für Japan als touristisches Reiseziel der Zukunft warben.

Omotenashi, das häufig mit dem Wort »Gastfreundschaft« übersetzt wird, ist ein komplexer Begriff, der verschiedene Interpretationen beinhaltet. Im Gegensatz zur Mehrheit der anderen japanischen Wörter kennt omotenashi verschiedene Schreibweisen. Die geläufigste Version ist 持て成し und bedeutet zu Ende führen und abschließen. Bei der Aussprache der chinesischen Zeichen kann man ein Wortspiel machen und omotenashi folgendermaßen schreiben 表無し, was »Ohne Oberfläche, ohne Kehrseite, ohne Hintergedanken« bedeutet.

Omotenashi ist keine einfache oberflächliche Gastfreundschaft, sie ist vor allem eine Haltung und ein bestimmtes Verhalten dem Gast gegenüber mit der Absicht, einen Moment aufrichtiger Menschlichkeit zu schaffen. Denn für den Erfolg unserer Unternehmungen ist der Verstand zwar unerlässlich, jedoch nicht ausreichend.

Da große Werke nur selten allein vollbracht werden können, ist es wichtig, harmonische Beziehungen mit den Menschen in unserem Umfeld zu schaffen, damit uns im Zweifelsfall gern geholfen wird.

Das Konzept von omotenashi vermittelt uns mehrere Schritte, die diese wertvolle Haltung ermöglichen, und lässt sich nicht nur auf die Geschäftswelt, sondern auch auf den Bereich von Familie, Paarbeziehung, Freunde usw. anwenden.

Das Nötige einbringen

Sen No Rikyū ist einer der Meister, der die Teezeremonie in Japan am tiefsten geprägt hat. Als einer seiner Schüler ihn fragte, was die Geheimnisse seiner Kunst seien, antwortete er:

> *Bereite eine köstliche Schale Tee,*
> *arrangiere die Holzkohle so, dass das Wasser*
> *erwärmt wird, ordne die Blumen, wie sie*
> *auf dem Feld stehen, beschwöre im Sommer*
> *Frische und im Winter Wärme herauf,*
> *nimm das Wetter in allem vorweg,*
> *bereite dich auf Regen vor und nimm*
> *in jeder Hinsicht Rücksicht auf deine Gäste.*[2]

---

2   Shoshitsu Sen, *Vie du thé, Esprit du thé*, édition Arléa, Seite 41.

Die Antwort des Meisters scheint einfach, doch wenn wir sie sorgfältig analysieren, können wir sehr viel lernen. Indem Sen No Rikyū für eine gelungene Teezeremonie auf der Einfachheit und dem gesunden Menschenverstand besteht, macht er uns bewusst, dass Nachlässigkeit nicht der einzige Fehler ist, den es zu vermeiden gilt. Stark durchdrungen von den großen Prinzipien des Zen-Denkens wusste er, dass »das Bessere oft des Guten Feind ist«. So vermittelte der Meister seinen Schülern, dass es zwei Neigungen der menschlichen Seele gibt, die der Harmonie zwischen Gastgeber und Gast schaden können, wenn sie nicht kontrolliert werden.

So ist es zum Ersten wichtig, uns vor unserem Ego in Acht zu nehmen, denn es drängt uns gerne dazu, die Person, die wir empfangen, zu beeindrucken. Der Zweck unserer Aufmerksamkeit, die wir unserem Gast schenken, sollte nur Freude und Wohlbefinden für ihn sein und nicht etwa Selbstbestätigung für uns. Deshalb empfahl Sen No Rikyū seinen Schülern, den Tee nicht in besonders kunstvollen Schalen zu servieren, sondern regte sie an, die Dekoration je nach Jahreszeit zu ändern, um Frische im Sommer und Wärme im Winter heraufzubeschwören. Er verlangte von ihnen, lieber etwas Nützliches wie einen Regenschirm für die Gäste einzuplanen, statt sich darauf zu konzentrieren, möglichst kostbare Accessoires für die Zeremonie zu finden.

*Omotenashi ist nicht die Kunst
zu beeindrucken, sondern die Kunst,
sich um jemanden zu kümmern,
um ihm in unserer Gesellschaft
Freude zu bereiten.*

Die zweite Neigung, die wir vermeiden sollten, nennt sich Dogmatismus. Das Protokoll ist nicht Selbstzweck, sondern nur das Mittel, um einen besonders guten Moment zu schaffen. Wer die Beachtung der Richtlinien über das Wohl seines Gastes stellt, entfernt sich vom Weg des omotenashi. Es wird erzählt, dass eine der Zeremonien, die den großen Teemeister Sen No Rikyū am meisten anrührte, die eines einfachen Bauers war. In Unkenntnis des Protokolls hatte Letzterer mehrere Fehler begangen, die die Schüler des großen Meisters zum Lachen brachten. Aber Sen No Rikyū interessierte sich nicht für seine Fehler, sondern war vielmehr vom ehrlichen Zartgefühl des Bauern berührt, der sein Möglichstes getan hatte, um ihm seinen Respekt und sein Wohlwollen zu bezeugen.

Gefallen finden am Empfangen Ihres Gastes
Omotenashi bedeutet normalerweise »zu Ende führen« und »abschließen«, aber man kann es wie schon erwähnt auch mit anderen Zeichen schreiben, und diese stehen

für »ohne Oberfläche«. Das lässt uns die Bedeutung dieses Begriffes tiefer verstehen. Omotenashi ist nicht das Streben nach Perfektion, sondern nach Wahrhaftigkeit.

Wichtig ist, was sich auf dem Grund der Dinge versteckt, nicht das, was sich an der Oberfläche befindet.

Wenn Sie eine Person empfangen, versuchen Sie nicht, alles perfekt machen zu wollen, sondern beginnen Sie damit, sich darüber zu freuen, dass Sie mit ihr einige Momente teilen können.

Beispiel

Die Hochzeit ist zweifellos eines der wichtigsten Ereignisse im Leben. Umso schwieriger gestaltet sich meist die Organisation. Jedes Detail zählt, weil die Details zusammengenommen dazu beitragen, dass eine schöne Feier gelingt. Was allerdings wären ein funkelnder Ring, ein traumhaftes Kleid und eine riesige Hochzeitstorte wert, wenn die Brautleute sich nicht von Herzen liebten? Der materielle Aspekt ist unerlässlich, damit die Organisation eines Ereignisses nicht scheitert, aber damit sie wirklich von Erfolg gekrönt ist, muss Herzblut mit einfließen. Was für eine Hochzeit gilt, gilt genauso für religiöse Zeremonien und Abende mit Freunden oder der Familie sowie berufliche Begegnungen.

Lächeln ist ein erstes Anzeichen für die Aufrichtigkeit von Gefühlen. Könnten Sie wirklich ein Abendessen in einem guten Restaurant genießen, wenn Ihr Gegenüber während sämtlicher Gespräche keine Miene verzieht? Das beste Mittel, um seinen Gast glücklich zu machen, besteht darin, ihm zu zeigen, dass man sich freut, ihn empfangen zu dürfen.

Überraschung statt Perfektion

Wie sorgt man dafür, dass eine Feierlichkeit ein Erfolg wird? Die Konzepte weichen je nach Anlass, regionalen Sitten, aber auch entsprechend den Erwartungen der Gäste und den besonderen Gegebenheiten des Augenblicks voneinander ab. Menschen zu empfangen ist keine exakte Wissenschaft, sondern eine Kunst. Es gibt keine universelle Vorgehensweise, die man auswendig lernen könnte, um sicher zu sein, dass wir jedes Mal unsere Gäste zufriedenstellen. Allerdings gibt es zwei Dinge, die wir unbedingt vermeiden sollten, um den Zauber, der in jeder Begegnung liegt, zu bewahren, und das sind Ideenlosigkeit und Lieblosigkeit. In einer desillusionierten

Welt ist der Alltag gleichbedeutend mit Langeweile. Viele Menschen wissen nicht mehr, wie man sich über die kleinen Dinge des Lebens freut, weil sie diese als selbstverständlich betrachten. Dabei brauchen wir nicht viel, um glücklich zu sein, wir müssen einfach unsere Fähigkeit wiederfinden zu staunen.

Überraschung ist sicherlich eines der besten Rezepte gegen Alltäglichkeit. Versuchen Sie, Begegnungen, auch wenn sie regelmäßig stattfinden, mit kleinen, unerwarteten Aufmerksamkeiten das gewisse Etwas zu verleihen.

Omotenashi scheint also die Kunst zu sein, glücklich zu werden, indem wir anderen aufrichtig Freude bereiten. Der französische Essayist und Philosoph Vincent Cespedes kommt zum gleichen Schluss:

> *»Wahres Glück kann man weder mit dem Verb haben noch dem Verb sein konjugieren. Wahres Glück konjugiert man mit dem Verb zurückgeben.«*

In Kürze

Japanisches Wort	Übliche Bedeutung	Lehre
Genki	In Form sein	Lernen, sich vor Negativität zu schützen, um seine kreative Energie zu erhalten
Arigatou	Danke	Bei kleinen Zuwendungen Dankbarkeit pflegen, um wieder Lebensfreude zu finden
Jiyū	Freiheit	Aufhören, das zu wollen, was andere wollen, und das suchen, wonach man wirklich strebt
Mitate	Visualisierungsgegenstand	Die Kunst, Symbole zu benutzen, um seine Innenwelt weiterzuentwickeln
Shinken	Ernsthaft	Lernen, etwas so zu machen, als sei das unsere letzte Gelegenheit

Gambaru	Beharrlichkeit	Sich nicht verzetteln, um das abzuschließen, was wir begonnen haben, und so Selbstvertrauen gewinnen
Kawakiri	Beginn	Sich auf das Endziel konzentrieren, um nicht bei den ersten Schwierigkeiten aufzugeben
Muda	Unnütz	Unnötigen Energieverschleiß vermeiden, um unsere Ausdauer zu erhöhen
Baka	Dumm	Unser Vertrauen in unser Urteil stärken, um zu verhindern, dass wir manipuliert werden
Omotenashi	Gastfreundschaft	Glück finden, indem wir andere glücklich machen

Schlusswort

Man sagt häufig, dass es nichts Schlimmeres gibt, als wenn Sterbende im Rückblick bedauern, vieles nicht gelebt zu haben. Ich für meinen Teil denke auch, dass es sehr traurig ist, wenn man kein erfülltes Leben anstrebt.

Mit der Zeit habe ich meine Unzulänglichkeiten akzeptieren gelernt, denn mit innerer Distanz ist mir klar geworden, dass sie mir geholfen haben, mich weiterzuentwickeln, und mir den Weg zu neuen Gelegenheiten eröffnet haben. Ich besitze eine große Liebe für Musik und Malerei. Diese beiden Kunstformen scheinen einen direkten Kontakt zu meinem Unbewussten herzustellen und gestatten mir in wenigen Augenblicken, die Welt sowie mein Dasein auf andere Weise zu sehen. Vielen meiner Alltagsverpflichtungen scheint der Sinn zu fehlen, was in mir immer wieder das Gefühl hervorruft, dass mir das Leben entgleitet. Wenn die Nacht anbricht und mein Geist endlich frei ist zu denken, was er will, wenn meine Unrast sich legt, kommt ein anderes Übel zum Tragen: der Überdruss. Ihn fürchte ich sehr, weil er die kleinen Freuden des Alltags erbarmungslos abtötet, indem er sie banal erscheinen lässt!

Allerdings genügt es meiner Seele bereits, einige Musiknoten zu hören, schon beginnt sie zu schwingen, und ich realisiere, dass die Essenz meines Seins weit über die Grenzen dessen, was mein Alltagsleben mir auszudrücken erlaubt, hinausgeht. Einige Pinselstriche auf einer Leinwand genügen, dass mein Geist in andere Sphären getragen wird und ich mir bewusst werde, dass meine Innenwelt ebenfalls eine Quelle der Zufriedenheit sein kann. Der technologische Fortschritt erleichtert den Alltag, doch kann nur die Kunst ihn sublimieren. Nur sie kann Banalität in Poesie, Schwierigkeiten in Abenteuer und Opfer in erfüllende Leistungen verwandeln. Manche Menschen werden mit der Überzeugung geboren, sie könnten die Welt verbessern, doch ich für meinen Teil habe entschieden, mein Leben dem Versuch zu widmen, sie wieder zu verzaubern.

Leider ist Leidenschaft jedoch nicht immer gleichbedeutend mit Talent; ich habe schnell gemerkt, dass die Malerei und das Beherrschen eines Musikinstruments unerreichbare Träume bleiben. Man sagt häufig, Ausdauer sei für Selbsterfüllung unentbehrlich, doch sollte man die feine Linie zur Dickköpfigkeit, der Quelle so vieler Frustrationen, nicht überschreiten. Was, wenn unsere Grenzen nicht Barrieren sind, sondern vor uns aufgestellte Stufen, damit wir noch höher steigen können? Mit der Zeit habe ich erkannt, dass ich zwar weder malen noch ein Instrument spielen kann, jedoch eine Neigung zum Schreiben habe.

Mit den 26 einfachen Formen des Alphabets kann man prächtige Landschaften entstehen lassen, die unsere Seele in Entzücken versetzen können; man kann Personen auftauchen lassen, deren Handlungen uns zu bewegen und zu inspirieren vermögen. Worte können wie Noten klingen, deren Melodie uns im tiefsten Innersten unseres Seins schwingen lässt und uns das Gefühl zurückgeben kann, wirklich zu leben. Von einer Leidenschaft für das Lesen und Schreiben erfasst, erforschte ich die Poesie und Philosophie. Ich erkannte, dass, wenn wir Schönheit mit Weisheit paaren, wir eine bestimmte Form von Kraft und Mut erlangen können, die uns dazu bringt, unser Bestes zu geben.

Aber wer hat heutzutage noch die Zeit, regelmäßig zu lesen? Sogar ich als leidenschaftlicher Leser muss gestehen, dass ich nur noch auf dem Weg zur Arbeit in den öffentlichen Verkehrsmitteln zum Lesen komme. Die Philosophie sollte sich nicht auf abstrakte Spekulationen beschränken, sondern uns ermöglichen, aktiv zu verändern, was verändert werden sollte, und das zu erhalten, was es wert ist. Damit Texte uns jedoch die Kraft zum Handeln geben können, sollten wir zuerst in der Lage sein, uns im entsprechenden Moment an sie zu erinnern. Nachdem ich als Redakteur im diplomatischen Bereich tätig war, habe ich gemerkt, wie wichtig Keywords sind. Der ganze Stoff einer langen Rede lässt sich in zwei oder drei Wörtern zusammenfassen. Letztere sind einfach zu behalten und erlauben unserem Gehirn, rasch einen komplexen Gedankengang wiederzufinden. Keywords sind Brücken, die die Weisheit mit dem Handeln verbinden.

Nachdem ich etwa zehn Jahre lang die japanische Kultur und ihre wichtigsten Strömungen erforscht hatte, suchte ich nach einem einfachen und wirksamen Mittel, mich an alle ihre Lehren zu erinnern, um sie im Alltag umzusetzen. Da mir bewusst geworden war, wie wichtig Keywords sind, begann ich, solche Begriffe in der japanischen Sprache zu suchen. Das Lesen eines etymologischen Wörterbuches war für mich eine echte Offenbarung. Die tiefgründigsten Wörter der japanischen Sprache sind nicht irgendwelche archaischen Begriffe, die einer Elite vorbehalten sind, sondern im Gegenteil Begriffe aus dem aktuellen Alltag.

In diesem Buch habe ich die zehn japanischen Wörter zusammengestellt, deren Unterweisungen mir sowohl im Berufs- wie im Privatleben am wichtigsten waren. Prägnant und doch mit vielschichtiger Interpretation, sind diese Wörter für mich zu goldenen Regeln geworden, die mir erlauben, die nötige Motivation zu finden, um Tag für Tag an mir selbst zu arbeiten. Ich hoffe aufrichtig, dass sie auch für Sie eine stete Quelle der Inspiration darstellen können, um zu werden, wer Sie sein wollen.

Über den Autor

© privat

NICOLAS CHAUVAT hat politische Wissenschaft studiert und war für die französische Botschaft in Japan tätig. Noch heute pendelt er regelmäßig zwischen Frankreich und Asien. Er spricht fließend Japanisch und Chinesisch und forscht über Buddhismus und Taoismus. In Frankreich ist er als Autor für Achtsamkeitsbücher bekannt.

Das goldene Handwerk des Lebens

152 Seiten, Flexobroschur, zweifarbig
ISBN 978-3-95803-235-4

Kintsugi ist die alte japanische Kunst, zu reparieren, was zerbrochen ist, es ist die Fertigkeit, aus Scherben Kunstwerke zu schaffen, die noch kostbarer sind als die ursprünglichen Gegenstände. Längst hat sich daraus eine der stärksten Lebenslehren Japans entwickelt. In diesem bezaubernd geschriebenen Buch erfahren Sie, wie Kintsugi uns durch schwierige Zeiten tragen kann und wir uns nach Niederlagen ein neues Leben aufbauen können, das noch erfüllter ist als das alte.

SCORPIO   *www.scorpio-verlag.de*